Hablar

¿Preparado para avanza

Estás en el sitio correcto, porque mi método está ayudando – tanto con los libros como en internet – a más de medio millón de personas CADA MES.

Aquí tienes lo que dicen algunos de los lectores este libro, el segundo de la serie de *Inglés Básico*.

¡Gracias a todos!

Hablan los lectores:

En este segundo libro [de la serie], el autor amplia mas detalles de gramática, me gusto mucho porque explica los temas de una forma sencilla y practica con ejemplos prácticos. – Julie.

Buen libro, muy didáctico. Como todos los libros de este autor. – José

Ideal para principiantes. Daniel es un buen profesor con prestigio y experiencia, pero a parte de eso tienes sus videos en YouTube y sus dos paginas web todo ello de apoyo y gratis. Pero eso no es todo ademas es una persona excelente ya que ademas de todas sus ventas hace donaciones a diferentes organizaciones. Compre el segundo y comprare el tercero. Muy recomendable. – Cliente Amazon

Me ha servido de mucha ayuda, teniendo una base de inglés es un libro que te puede ayudar mucho a refrescar. – Estrella

Sencillo y claro. Continuación del volumen primero que se mantiene en la misma línea de sencillez y claridad, muy recomendable para los que empiezan. – Eugenio

En los años desde que publiqué este libro ha llegado un par de veces a ser el ebook más vendido de España y de México... ¡Increíble!

Ha ayudado a muchos miles de personas a mejorar su inglés, y puede ayudarte a ti.

Adelante...

Inglés Básico 2

¡Descubre lo esencial del inglés y empieza a hablar ya!

Escrito por Daniel Welsch.

Mucho más inglés en mi web: aprendemasingles.com

Segunda Edición.

Copyright © 2017 Daniel Welsch.

Ejercicios creados por Nina Lee, holateacherspain.com

Diseño de cubierta de Lucy Moretti, lucymorettidesign.tumblr.com

Table of Contents

Hablan los lectores 1
Introducción 7

PRIMERA PARTE: LOS TIEMPOS VERBALES 11
Repaso de los tiempos verbales 13
Futuro: Going to y Will 17
Texto y Conversaciones con Going To 27
   Ejercicios 1: Will y Going to *30*
Presente Perfecto 33
Presente Perfecto y Pasado Simple 37
Textos en Presente Perfecto y Pasado Simple 41
   Ejercicios 2: Presente Perfecto y Pasado Simple *47*
Pasado Simple y Continuo 49
Texto: Pasado Simple y Continuo 55
   Ejercicios 3: Pasado Simple y Pasado Continuo *59*
Antes de seguir... 61

SEGUNDA PARTE: OTRAS ESTRUCTURAS ESENCIALES 63
Los Verb Patterns: Introducción 65
Verb Patterns: like, love, hate and enjoy 69
Verb patterns: would like to, want to, need to, hope to 75
   Ejercicios 4: Verb Patterns *81*
Like y Would like 83
   Ejercicios 5: Like y Would Like *87*
La Cortesía 89
Should (Sugerencias) 93

Have to y Has to (Obligaciones) 99
Textos: Have to / Has to 103
   Ejercicios 6: Would, Have to, Has to.. 107
Primer Condicional y Segundo Condicional 109
   Ejercicios 7: Primer Condicional y Segundo Condicional........ 115
Comparativos 119
   Ejercicios 8: Comparativo... 124
El Superlativo 127
   Ejercicios 9: Superlativo.. 132
TEXTO: Comparativo y Superlativo 135
¡Bien hecho! 138

TERCERA PARTE: VOCABULARIO 139
Vocabulario: La Comida 141
Vocabulario: Viajes 149
Unos Phrasal Verbs Importantes 153
Phrasal Verb Text 159
   Ejercicios 10: Phrasal Verbs.. 161
Un Poco Sobre Las Preposiciones 163
Vocabulario: El Dinero 167
Conversaciones: El Dinero 171
Vocabulario: La Salud 173
Conversaciones: La Salud 177
Cómo aprender más vocabulario 181

Appendix 1: Lista de los Verbos Irregulares 195
Appendix 2: Otros Recursos 199
Acerca del Autor... 201

Introducción

Como ya sabes...

Aprender el ingles en estos tiempos es más importante que nunca.

Si quieres estudiar, trabajar o viajar al extranjero, tendrás que ponerte las pilas y aprenderlo de una vez por todas.

Hay mucha información que ya está publicada por ahí en internet sobre la gramática inglesa.

Entonces, ¿por qué he escrito este libro?

Primero, porque los métodos actuales son innecesariamente caras – y quiero que el inglés sea al alcance de todos.

Con un libro electrónico como éste, no hace falta pagar la impresión ni dar dinero a una prestigiosa universidad inglesa... Puedes aprender más por menos.

Y si estás con la versión en papel, pues... tampoco estás pagando para mantener a los de Oxford ni Cambridge.

Soy un hombre que trabaja desde casa en el barrio de Tetuán, en el norte de Madrid. Mi presupuesto para marketing es cero (o casi) y así no tengo que subir los precios de los libros.

Segundo, por qué muchos métodos no explican bien las cosas en un español claro que puedes entender sin ser filólogo.

Al parecer, muchos autores escriben para darte una idea de su propia inteligencia. Así dan muchos rodeos, utilizan vocabulario difícil, y complican las cosas sencillas.

Parece que explicar las cosas de forma clara ni siquiera les pasa por la mente.

Con este libro he querido dar explicaciones mucho más detalladas de los puntos más importantes para principiantes y casi-principiantes, y todo explicado como lo explico en mis clases presenciales, donde muchas personas han aprendido estos mismos puntos.

Además de la gramática, explico el vocabulario y doy muchos más ejemplos para dejar todo claro. Hay unos textos para leer que sirven para ilustrar los puntos gramaticales y unas conversaciones sobre los temas del vocabulario.

Mi propósito al escribir este libro ha sido crear un método especialmente para los hispanohablantes, porque llevo una década enseñándoles el inglés y sé exactamente qué dudas y dificultades tienen. Y mi misión en general es ayudar a un millón de hispanohablantes a mejorar su inglés y hacerlo a un precio mucho más asequible que un método "oficial."

Y parece que está funcionando! Mis libros han pasado más de un año en las listas de los más vendidos aquí en Amazon y estoy seguro que este nuevo libro ayudará a aún más personas.

Mi español no es perfecto, pero el hecho de que esté aquí escribiendo demuestra que se puede aprender un idioma bien siendo ya adulto.

Si ves alguna "patada" muy grande al diccionario avísame, puedes contactarme a través de la web aprendemasingles.com/contactar — también si tienes una pregunta sobre el inglés, o cualquier otra cosa. Intento contestar a todas las preguntas que recibo (aunque a veces es difícil, porque recibo muchas).

Este libro es una continuación del libro Inglés Básico, publicado por primera vez en 2012. En aquel libro expliqué lo muy muy básico del inglés: el presente simple, el pasado simple, el verbo to be, los adjetivos, can y can't y unos más para un total de 30 unidades.

Ahora en su segunda edición, Inglés Básico ha ayudado a miles de personas a empezar a entender y hablar el inglés. Ha llegado incluso al número 1 en ventas para libros electrónicos en España y México. ¡Vaya!

Así que si estás empezando desde cero, Inglés Básico es el libro para ti. Después de aprender lo básico podrás volver aquí sabiendo de qué se trata.

Muchas gracias por leer y ¡buen aprendizaje!

Daniel Welsch.

Madrid, Spain, septiembre 2017.

P.D. Cuando compras este libro, estás ayudando también a UNICEF, Médicos Sin Fronteras, y otras organizaciones solidarias. Cada año doy un porcentaje de las ventas a estas organizaciones, especialmente aquellas que trabajan en países en desarrollo.

P.P.D. Si quieres mucho más inglés, pásate ahora mismo por mi página para suscribirte a mis lecciones por correo. Es gratis y hay más de 10 mil personas alrededor del mundo que están aprendiendo el inglés conmigo. Suscríbete aquí: madridingles.net/suscribir

01 / Primera Parte

Los tiempos verbales

Aquí tienes lo que necesitas saber para usar los tiempos verbales más importantes del inglés: presente, pasado, futuro – y un poco sobre el presente perfecto y pasado continuo también.

01

Repaso de los tiempos verbales

Cada frase que hacemos en inglés tiene que usar algún tiempo verbal.

Usándolos bien, darás la impresión de ser una persona muy inteligente...

En cambio, si no los aprendes a usar bien, acabarás sonando como uno de los Apaches de las películas de Oeste. Todos entendemos, básicamente, a los Apaches de película, pero no están expresando ideas muy complejas la mayoría del tiempo. Y siendo posible, sería mejor no pasar la vida hablando como ellos.

Algunos métodos te dicen "olvídate de los tiempos verbales y habla todo en presente" – lo cual puede ser un buen consejo si solo necesitas pedir un café en Londres o Nueva York.

Pero si quieres ir más allá con tu inglés, mejor aprender los tiempos.

La buena noticia es que los tiempos verbales en inglés son bastante fáciles de formar, porque no conjugamos mucho los verbos.

Existen alrededor de 20 tiempos verbales, incluyendo activos y pasivos, pero con unos pocos tiempos, hacemos casi todo lo que necesitamos hacer.

Hay algunos tiempos (especialmente pasivos) que incluso un nativo no usa más de una vez al mes.

01 / Primera Parte

Los tiempos que vimos en el primer libro de Ingles Básico son:

Presente simple – usado para hablar de hábitos, frecuencias y estados permanentes.

Presente continuo – usado para cosas que están pasando en el momento de hablar, y también para procesos inacabados y planes de futuro.

Pasado simple – usado para hablar de acciones terminadas en algún momento del pasado.

En este libro veremos más:

Pasado continuo – usado para hablar de acciones continuas del pasado, especialmente cuando otra cosa pasa en medio.

Presente perfecto – usado, principalmente, para situaciones que empezaron en pasado y siguen ahora.

Futuro con will – usado para decisiones espontáneas y previsiones del futuro, para ofertas y promesas, y también en condicionales.

Futuro con going to – usado para hablar de planes para el futuro.

Cuando llegues a dominar estos tiempos verbales, habrás hecho un gran paso hacia delante en tu aprendizaje, y puedes dedicar más tiempo a otras cosas más importantes y interesantes.

Pero por favor, ¡no seas uno de estos estudiantes que habla todo en presente!

Presente Simple, Presente Continuo, Pasado Simple

Aquí te doy unos ejemplos de los tiempos verbales ya vistos para repasar. Antes de formar los tiempos verbales, es importante poder diferenciarlos.

She works in a bank. = presente simple (verbo terminado en -s porque es tercera persona singular). Habla de algo habitual.

She is working today. = presente continuo (to be + -ing). Habla de algo que está pasando actualmente

She worked yesterday. = pasado simple (verbo terminado en -ed para indicar pasado). Habla de un evento que terminó en el pasado.

I'm watching a film. = presente continuo

I watch a lot of films. = presente simple

I watched a film last night. = pasado simple

They drink coffee every morning. = presente simple.

They are drinking a cup of coffee. = presente continuo.

They drank a cup of coffee. = pasado simple (drink es un verbo irregular, drank en pasado).

Un ejemplo de las frases negativas:

I don't usually make dinner. = presente simple.

I didn't make dinner last night. = pasado simple.

I'm not making dinner right now. = presente continuo.

01 / Primera Parte

Y un ejemplo de las preguntas:

Do you eat meat? = presente simple (se entiende que la pregunta es si comes carne habitualmente)

Did you eat meat last week? = pasado simple

Are you eating meat? = presente continuo (se entiende ahora mismo, no hace falta decirlo).

Ahora veremos unos tiempos más, con muchos ejemplos y textos para practicar lo aprendido.

¡Seguimos!

Los tiempos verbales

02

Futuro: Going to y Will

El futuro en inglés se expresa de varias formas. Las dos principales son **going to** y **will**. Aquí tienes la explicación básica de cuando se usa una forma o la otra, luego explicaré cada uno por separado.

Going To:

1. Planes para el futuro

2. Cosas que sabemos que van a pasar en futuro porque tenemos pruebas ahora.

Will:

1. Predicciones o previsiones del futuro.

2. Decisiones tomadas en el momento de hablar.

3. Promesas y ofertas.

La diferencia entre un futuro con **will** y un futuro con **going to** es (en la mayoría de los casos) si hablamos de un plan que ya tenemos o no. Los planes se expresan con **going to**.

Y, como siempre digo a mis alumnos, si tienes dudas, usa going to.

Es bastante flexible y no tienes tanta posibilidad de equivocarte. (Me parece que muchos profesores dicen todo lo contrario – dicen que will es el futuro y no explican más. Así, sus estudiantes acaban diciendo **will** en sitios donde queda muy mal. Pero bueno... Lo dicho. Si tienes duda, usa **going to**.)

01 / Primera Parte

Estructuras:

I'm going to visit England this summer. = Voy a visitar Inglaterra este verano.

She's going to make dinner tonight. = Ella va a hacer la cena esta noche.

They're going to take their exam tomorrow. = Ellos van a hacer su exámen mañana.

Las frases con going to usan una forma de to be, que cambia según la persona, como siempre:

I am, you are, he is, she is, it is, we are, they are o bien podemos usar las formas cortas I'm, he's, she's, it's, we're, they're.

Luego se usa **going to** (que no cambia según la persona) y el infinitivo (que tampoco cambia) para la acción del futuro.

La estructura, entonces, es esa: **Sujeto + to be + going to + infinitive.**

Es muy importante usar todas estas partes, si no suena muy mal! Luego podemos usar una expresión de futuro:

tomorrow = mañana

tomorrow morning / afternoon = mañana por la mañana / tarde

tomorrow evening / night = mañana por la tarde / noche

this weekend / at the weekend = este fin de semana

tonight = esta noche

next week / month / year / summer = el próximo (o la próxima) semana, mes, año, verano.

Los tiempos verbales

Las expresiones **this weekend** y **at the weekend** son un poco ambiguos: pueden referirse al fin de semana que viene o al fin de semana que acaba de pasar. Sabemos si hablamos del pasado o del futuro según la forma del verbo.

What did you do at the weekend? = pasado ... lo indica el auxiliar **did**.

What are you going to do at the weekend? = futuro ... lo indica el **going to**.

Pasa lo mismo con otras expresiones temporales. Sabemos por el tiempo del verbo si hablamos del futuro o del pasado.

on Thursday / Friday = el jueves / viernes

in November / December = en noviembre / diciembre

Entonces, para volver al tema, usamos **going to** para hablar de planes en el futuro. Un plan es algo que hemos pensado con antelación.

Se usa en positivo, negativo y pregunta, para hablar de planes que tenemos o para preguntar de planes de los demás:

I'm going to see my friends tonight.

I'm not going to see my friends tomorrow.

Are you going to see your friends tomorrow?

Yes, I am. / No, I'm not.

Who are you going to see tomorrow?

I'm going to see my grandmother.

Las estructuras son las mismas del verbo **to be**: para la negación usamos **not**, y para la pregunta ponemos el auxiliar **to be** antes del sujeto.

01 / Primera Parte

Aquí tienes unos ejemplos en todas las personas. Para it uso el verbo **rain** porque es un verbo impersonal.

Afirmación:

I'm going to make a sandwich.

You're going to make a sandwich.

He's going to make a sandwich.

She's going to make a sandwich.

It's going to rain.

We're going to make a sandwich.

They're going to make a sandwich.

Negación:

I'm not going to play.

You're not going to play.

He's not going to play.

She's not going to play.

It's not going to rain.

We're not going to play.

They're not going to play.

Interrogación:

Am I going to study tonight?

Los tiempos verbales

Are you going to study tonight?

Is he going to study tonight?

Is she going to study tonight?

Is it going to rain?

Are we going to study tonight?

Are they going to study tonight?

La respuesta corta para **going to** es igual que para el verbo **to be**:

Q: *Are you going to study tonight?*

A: *Yes, I am.*

Q: *Are you going to eat pizza tomorrow?*

A: *No, I'm not.*

Q: *Is she going to make dinner?*

A: *Yes, she is.*

Q: *Is she going to visit her grandmother this weekend?*

A: *No, she isn't.*

Otro punto: los libros de texto a veces dicen que no se dice **going to go,** siendo repetitivo.

Efectivamente, es repetitivo usar una forma de **go** dos veces. Pero el hecho es que yo y muchos angloparlantes más lo decimos todos los días. En todo caso, no es necesario repetir el **go**. En mi barrio, todas estas frases se consideran correctas:

I'm going to Paris this summer.

I'm going to go to Paris this summer.

I'm going to the party on Friday.

I'm going to go to the party on Friday.

Pasa algo parecido con **come** (que también es un verbo de movimiento). En el caso de **come**, podemos usar el presente continuo **coming** sin poner el **going**. Pero en mi barrio tampoco hay problema con la construcción **going to come**.

He's going to come to my house tonight.

He's coming to my house tonight.

She's going to come to my birthday party.

She's coming to my birthday party.

Will

El futuro con **will,** en cambio, se usa para hablar de previsiones del futuro y decisiones que tomamos en el momento de decirlos.

Previsiones del futuro:

The economy will be better next year.

It will be cold tomorrow.

The bus will be here in a few minutes.

Decisiones tomadas en el momento de decirlo:

I'm thirsty. I think I'll drink some water.

I'm hungry. I guess I'll have lunch now.

A: *The phone's ringing.*

B: *I'll get it!*

También se usa en condicionales, como veremos más adelante. Los condicionales hablan de situaciones posibles o hipotéticas (que no están planificadas).

If you're hungry, I'll make you a sandwich.

Se usa **will** especialmente con verbos como *think, hope, imagine, suppose, guess* porque son verbos que hablan de cosas que imaginamos que pasarán o que tratan de opiniones.

I imagine I'll see him next week.

I hope I'll feel better tomorrow.

Do you think it will rain tomorrow?

I suppose he'll call me later.

I guess I'll see you soon.

A veces, podemos usar **will** o **going** to con una mínima diferencia en significado:

It will rain tomorrow. (es mi opinion)

It's going to rain tomorrow. (tengo pruebas)

Estructuras:

El verbo auxiliar **will** no cambia para nada! Se queda igual, indiferente de la persona. La forma corta es **'ll** y la negación es **won't**. Siempre lo sigue un infinitivo **sin to**.

La forma corta se pronuncia como una L. Pronúncialo! que es importante.

01 / Primera Parte

Afirmaciones:

I'll be at the office tomorrow.

You'll be at the office tomorrow.

He'll be at the office tomorrow.

She'll be at the office tomorrow.

It'll be at the office tomorrow. (se habla de un objeto)

We'll be at the office tomorrow.

They'll be at the office tomorrow.

También se puede poner una 'll al final de un nombre propio o un título. Es un poco más coloquial: se pronuncia así pero no se ve mucho en el inglés escrito.

George'll be at the party.

Mary'll call you later.

My boss'll be furious.

Her husband'll give her the money.

Cuidado, entonces, cuando escuchas a alguien. La 'll pasa muy rápido y a lo mejor no la oyes.

Negaciones:

I *won't be at the office tomorrow.*

You won't be at the office tomorrow.

He won't be at the office tomorrow.

She won't be at the office tomorrow.

It won't be at the office tomorrow.

We won't be at the office tomorrow.

They won't be at the office tomorrow.

Interrogaciones:

Will I be at the office tomorrow?

Will you be at the office tomorrow?

Will he be at the office tomorrow?

Will she be at the office tomorrow?

Will it be at the office tomorrow?

Will we be at the office tomorrow?

Will they be at the office tomorrow?

Se vuelve un poco repetitivo al final, verdad? Pero eso es lo bueno del inglés... Las conjugaciones son muy fáciles y podemos dedicarnos a estudiar otras cosas más interesantes.

La respuesta corta de una pregunta con **will** es como las otras respuestas cortas: se repite la persona adecuada y luego se pone el auxiliar, en este caso **will / won't**.

Yes, I will. / No, I won't.

Yes, he will. / No, he won't.

Etc.

Los tiempos verbales

03

Texto y Conversaciones con Going To

Aquí tienes un pequeño texto sobre planes de futuro con going to.

A trip to Europe

This summer, I'm going to travel around Europe. First, I'm going to visit France. The Louvre is one of the most important museums in the world, and I'm going to see the Mona Lisa and some of the Greek sculptures there. After a week in France, I'm going to visit Spain. I'm going to see all the important cities – Barcelona, Madrid, Seville and Granada. I'm going to spend some time on the beach in Valencia, also. Finally, I'm going to catch a plane to Rome, where I'm going to visit the beautiful old Roman monuments. I'm going to eat pizza every day I'm in Italy. From Italy, I'm going to catch a plane back home, because I have to go back to work in September. I'm going to stay in Europe for about 3 weeks, but I hope to go back next year. I want to visit London and Berlin, too!

Conversación: Going To

Esta conversación contiene la misma información que el texto, pero en otro formato.

Q: What are you going to do this summer?

A: I'm going to travel around Europe!

01 / Primera Parte

Q: Are you going to visit France?

A: Yes, I am.

Q: Are you going to visit any other countries?

A. Yes, I'm going to visit Spain and Italy also.

Q: Are you going to eat a lot of pizza when you're in Italy?

A: Yes, I am. I love pizza! I'm going to eat pizza every day.

Q: How long are you going to stay in Europe?

A: I'm going to stay for about 3 weeks.

Q: When are you coming back home?

A: I'm coming back home on the 3rd of September.

Más conversaciones:

A: Hey Bill. What are you going to do after work?

B: I'm going to have a drink with a couple of friends. Would you like to come?

A: No, sorry, I can't. I'm going to have dinner with my girlfriend.

B: Okay, maybe next time.

Jim and Phil

A: Have a good weekend, Jim!

B: You, too, Phil. Do you have any plans?

A: Yeah, I'm going to my mother's house in the country.

B: Sounds nice.

Los tiempos verbales

A: *Yeah, it is. I'm going to take a walk in the hills tomorrow, and she's going to make lunch on Sunday.*

B: *How are you going to get there?*

A: *I'm going to take the train. It's not far. And you? What are you going to do?*

B: *I'm going to take my kids to the zoo.*

A: *Oh, great!*

B: *Yeah, I think they're going to enjoy it a lot.*

A: *Well, see you on Monday.*

B: *See you!*

01 / Primera Parte

Ejercicios 1: Will y Going to

Elige la forma correcta para cada frase.

1. **Will you / Are you going to** play basketball today?
2. I hope that Phil **will come to / is coming** to the party.
3. Mom said that she **will cook / is going to** cook pasta tonight.
4. Do you think **it will rain / it is going to** rain tomorrow?
5. The history exam **will be / is going to** be on Friday.

Termina la frase usando la forma adecuada del verbo y un **will** o un **going to.**

1. My birthday is next week. I _____ 30 years old. (to be)
2. We _____ the new Iron Man movie tonight. (to see)
3. David and Maria are traveling this summer. They _____ Italy and Germany. (to go)
4. Anna isn't feeling well. She _____ home tonight to rest. (to stay)
5. There is a new company opening next year. Maybe there _____ more jobs. (to be)
6. Do you think John and Lola _____ a new house? (to buy)
7. We _____ pizza tonight. (to eat)
8. Yes, the package _____ early tomorrow morning, (to arrive)

Los tiempos verbales

9. Q: What are your plans for the weekend? A: I _____ tennis with Steve. (to play)

10. I _____ Michele her present when I see her next week. (to give)

11. Be careful. You _____ yourself. (to hurt)

12. If we don't leave now, we _____ the train. (to miss)

13. He doesn't think he _____ his homework today. (to finish)

14. Who do you think _____ the tournament? (to win)

15. They _____ to a jazz concert on Friday. (to go)

04

Presente Perfecto

El presente perfecto es un tiempo verbal que en inglés se usa de manera bastante distinta que en español.

Como formar el presente perfecto:

El presente perfecto siempre usa el auxiliar **have** / **has** y un participio pasado. El participio pasado de un verbo regular termina en **-ed.** Para una lista de participios irregulares, consulta la lista de los verbos irregulares en el apéndice o bien pásate por mi web para descargarlo en PDF (ahí encontrarás mucho más que puede ayudarte también): aprendemasingles.com/pdfs

El verbo auxiliar **have** / **has** se conjuga según la persona (es **has** en tercera persona singular, y have en las demás personas gramaticales). El participio pasado es siempre igual. Aquí el ejemplo es con **been,** el participio pasado de **be.**

I have been to Lisbon.

You have been to Casablanca.

He has been at work all morning.

She has been married for 10 years.

It has been sunny all day.

We have been awake since 6 o'clock.

They have been sick for 3 days.

01 / Primera Parte

Entonces, las conjugaciones de **have** son igual que para el presente simple...

I have... you have... he has... she has... it has... we have... they have...

Las negaciones se hacen con **haven't** y **hasn't** según la persona.

I haven't been ... you haven't been ... he hasn't been... she hasn't been... it hasn't been... we haven't been... they haven't been...

Y las preguntas se hacen poniendo el auxiliar antes del sujeto:

Have I seen that film?

Have you seen that film?

Has he seen that film?

Has she seen that film?

Have we seen that film?

Have they seen that film?

Uso del presente perfecto

Usamos el presente perfecto, en inglés, para 3 funciones principales:

1. Cosas que empezaron en pasado y siguen ahora (y posiblemente en el futuro).

2. Experiencia en la vida (cuando no mencionamos un momento específico del pasado).

3. Información reciente (cuando **no hablamos de cuando** pasó) y especialmente cuando tiene un efecto sobre el presente.

Cada uno de estos puntos merece tratarse en más profundidad.

Los tiempos verbales

1. Cosas que empezaron en el pasado y siguen ahora (y posiblemente en el futuro). Aquí está la gran diferencia entre estos tiempos en inglés y español. En español se usa este tiempo para algo terminado, en inglés es **algo sin terminar**! Si queremos hablar de algo terminado, usamos el pasado simple!

Robbie Williams has written many popular songs. (Sigue escribiendo canciones.)

She has lived in the same house for 10 years. (Sigue viviendo en la misma casa.)

They have worked together since 2004. (Todavía trabajan juntos.)

His parents have been married for 30 years. (Sus padres siguen casados.)

2. Experiencia en la vida (no hablamos de un momento específico del pasado).

I have been to Paris 3 times.

She has had several different jobs.

Sally has been married 3 times.

He has visited more than 20 countries.

3. Información reciente que impacta sobre el presente. En el español de Castilla se usa esta estructura de la misma manera.

I've just spoken to Jim. (Hace un momento.)

Have you seen my keys? I've lost them! (No tengo las llaves ahora.)

Scientists have discovered a new planet in a nearby solar system. (Recientemente, es noticia ahora.)

Sandra has just left. She'll be back in an hour. (No está aquí ahora.)

Los tiempos verbales

05

Presente Perfecto y Pasado Simple

Mucha gente quiere traducir literalmente del español al inglés, pero los tiempos se usan de forma algo distinta.

Cuando hablamos inglés, mejor seguir las reglas del inglés... así que aquí vamos a ver las diferencias entre presente perfecto y pasado simple.

El punto más importante, que vale la pena repetir una y otra vez, es este:

Si mencionamos un momento concreto del pasado, **usamos pasado simple.**

Eso es distinto del uso del pretérito perfecto en castellano. (El uso de pretérito perfecto cambia según la región de España o América, así hablo principalmente de aquí en Madrid.)

Aquí en Madrid se puede oír cosas como *"He visto a Pepita hace una hora."* Se usa así porque es un pasado reciente.

En inglés no funciona. *"Hace una hora"* es un momento del pasado y tenemos que usar pasado simple.

El inglés correcto, entonces, sería *"I saw Pepita an hour ago."* (De hecho, **ago** siempre se usa con un pasado.)

01 / Primera Parte

En cambio, puedes decir...

I've seen Pepita recently. (Recently es un momento no específico.)

I've seen Pepita today. (El día de hoy no ha terminado.)

Unas situaciones de ejemplo pueden aclarar este punto:

It's 5 o'clock in the afternoon. Lucy asks her friend, What time did you get up this morning?" Her friend responds, "I got up at 7 o'clock."

La mañana está terminada, entonces las chicas usan el pasado simple para hablar de una acción pasada.

It's 11 o'clock in the morning. Lucy asks her friend, "How many cups of coffee have you had this morning?" Her friend answers, "I've had 2 cups of coffee, and I'm going to have another one now."

La mañana no está terminada, y las chicas están hablando de una acción que aún no ha terminado--la acción en este caso es de tomar café por la mañana.

It's lunch time. Lucy asks her friend: "Have you eaten lunch yet?" Her friend answers, "Yes, I have."

La hora de comer no ha terminado aún, y Lucy pregunta en presente perfecto.

It's 7 PM. Lucy asks her friend, "What did you have for lunch today?" Her friend answers, "I had a salad and a sandwich."

La hora de comer ha terminado, y las chicas hablan de algo pasado.

Preguntas y respuestas en presente perfecto y pasado simple:

Have you ever been to Germany?

No, I haven't.

Los tiempos verbales

Have you ever been to Italy?

Yes, I have.

How many times have you been to Italy?

I've been to Italy 4 or 5 times.

Hasta ahí todo en presente perfecto.

Ahora veremos como podemos usar los dos tiempos: el presente perfecto para una experiencia en la vida y el pasado simple para preguntar detalles específicas sobre un momento pasado. Y luego, volvemos al presente perfecto para seguir hablando de la experiencia.

When was the last time you went to Italy?

I went to Italy last summer.

Have you been to France?

Yes, I have. I visited France 5 years ago. (un momento concreto)

How many countries have you visited?

I've visited 9 or 10 countries. (en mi vida)

Have you bought tickets for the concert yet?

Yes, I have. I bought them yesterday. (un momento concreto)

How many jobs have you had? (en tu vida)

I've had 3 different jobs. My first job was in a supermarket, my second job was in an office, and my current job is in a factory.

How long have you had your car? (lo tienes todavía)

I've had it for three years. I bought it in 2010. (un momento concreto)

01 / Primera Parte

Have you ever seen The Godfather?

Yes, I have. It's one of my favorite films.

When did you last see it? (pregunta por un momento concreto)

I saw it a couple of weeks ago. (un momento concreto)

How long have you known your best friend?

I've known her for 7 years. We met at university. (un momento concreto)

Como mencioné antes, este tema se complica un poco aquí en España (no sé como será en otros países de habla hispana) porque el presente perfecto en español se usa para hablar del pasado reciente. Así que en español castellano se puede decir perfectamente "Que has hecho esta mañana" si ya estamos por la tarde.

En inglés sería algo distinto:

What have you done this morning? = es la mañana todavía!

What did you do this morning? = es la tarde/noche y estoy preguntando por algo pasado.

What did you have for breakfast today? = la hora del desayuno está terminado.

Have you had breakfast yet? = es posible que vayas a desayunar ahora.

06

Textos en Presente Perfecto y Pasado Simple

Este texto utiliza el presente perfecto y el pasado simple. Fíjate en la diferencia: se usa pasado simple para acciones terminadas en el pasado, y presente perfecto para cosas que empezaron en pasado y siguen ahora!

Bob has lived in the same city all his life. He was born in Seattle in 1969 and has never moved.

He studied Information Technology at university when he was younger, and after he finished university, he got a job. He has had the same job since he was 22 years old.

He got married when he was 25, so now he has been married for 19 years. He has two children, Mary and Joseph, who are 15 and 12 years old.

Ten years ago, he bought a house. Since then, he has lived in the same neighborhood, a quiet place outside the city center.

His wife hasn't worked since the children were born. She has stayed home to take care of the kids. Now, she's studying another degree at university, because she wants to go back to work.

Today, Bob is at work. He has been awake since 6 AM, so he's a little bit sleepy. He has already drunk 4 cups of coffee.

01 / Primera Parte

Most of the day, Bob is busy writing emails. He has already sent 45 emails this morning. Yesterday, he sent more than 100 emails!

He hasn't eaten lunch yet, so he's feeling a little bit hungry. He's eaten 3 donuts this morning, and that's all.

Preguntas y Respuestas

Q: Has Bob lived in the same city his whole life?

A: Yes, he has. He has never moved.

Q: When was he born?

A: He was born in 1969.

Q: Does he have a degree?

A: Yes, he does. He studied IT.

Q: Has he had the same job since he was 22?

A: Yes, he has. He got the job after he finished university.

Q: Is he married?

A: Yes, he is.

Q: How long has he been married?

A: He's been married for 19 years.

Q: How long has he lived in his house?

A: He has lived in his house for 10 years.

Q: Has his wife worked recently?

A: No, she hasn't.

Q: What is she doing now?

A: She's studying another degree at university.

Q: Is Bob at work today?

A: Yes, he is.

Q: How long has he been awake?

A: He's been awake since 6 AM.

Q: How many cups of coffee has he drunk?

A: He's drunk 4 cups of coffee.

Q: How many donuts has he eaten?

A: He's eaten 3 donuts.

Q: How many emails has he sent today?

A: He's sent 45 emails.

Q: How many emails did he send yesterday?

A: He sent more than 100 emails yesterday.

Texto en Pasado Simple

Este texto es sobre Steve Jobs, y se cuenta casi todo en pasado simple (porque Steve, por desgracia, no está haciendo nada en estos días). Por supuesto, he quitado muchos detalles importantes para no escribir una novela, pero si te interesa, búscalo en Wikipedia! (En inglés, por supuesto...)

Steve Jobs was born in San Francisco, California, in 1955. As a child, he loved electronics. He was very intelligent, but he didn't like going to school.

01 / Primera Parte

He went to university for only about 6 months, but then dropped out because his parents couldn't afford it. After dropping out of university, he stayed on the campus and continued attending classes for another year and a half.

After that, he went to India. He stayed in India for 7 months. When he went back to California, he was a much different man. He started creating electronics and earning money. In 1976, he and Steve Wozniak started Apple. They created several important personal computers over the following years.

However, in 1985, Jobs had a problem with the board of directors and was fired from Apple. He started Pixar, which soon made a film called Toy Story. The film changed animation forever. Since then, Pixar has made many wonderful computer-animated films.

In 1996, Jobs went back to Apple, and the company created the iPod, the iPhone, and eventually the iPad. Once again, he revolutionized computers around the world!

However, he had some very serious health problems and resigned in 2011. On October 5 of the same year, he died.

Today, we remember Steve Jobs as a crazy genius who changed the way we interact with technology and with the world.

Preguntas y respuestas

Q: When was Steve Jobs born?

A: He was born in 1955.

Q: Was he born in Arizona?

A: No, he wasn't. He was born in California.

Q: Did he love electronics when he was a child?

Los tiempos verbales

A: Yes, he did.

Q: Did he like going to school?

A: No, he didn't.

Q: Did he finish university?

A: No, he didn't. He only went to university for 6 months.

Q: Did he go to China after leaving university?

A: No, he didn't. He went to India.

Q: When did he start Apple?

A: In 1976.

Q: Did he do it alone?

A: No, he didn't. He did it with his friend Steve Wozniak.

Q: Did he lose his job at Apple in 1985?

A: Yes, he did.

Q: What did he do after that?

A: He started Pixar.

Q: What was Pixar's first film?

A: Toy Story was Pixar's first film.

Q: Did Steve Jobs ever go back to Apple?

A: Yes, he did. He went back in 1996.

Q: Did Apple create the iPad?

A: Yes, it did.

01 / Primera Parte

Q: Is Steve Jobs still alive?

A: No, he isn't. He died in October 2011.

Vocabulary:

degree = carrera universitaria (cuidado! *Career* en inglés = trayectoria profesional)

IT (Information Technology) = informática

awake = despierto

drop out = dejar de ir a la escuela o la universidad

afford something = poder permitirse algo

to be fired = ser despedido de un trabajo

to resign = dimitir

health problems = problemas de salud

board of directors = la junta directiva

Los tiempos verbales

Ejercicios 2: Presente Perfecto y Pasado Simple

Termina la frase usando el verbo dado y el presente perfecto o el pasado simple.

1. _____ the new book by Stephen King yet? (you/to read)

2. Miguel _____ a new bicycle yesterday. (to buy)

3. We _____ to see a horror movie, but the tickets were sold out. (to want)

4. How many times _____ to Mexico? (she/to go)

5. They _____ a lot of money for the new car. (to pay)

6. What time _____ for the train this morning? (he/to leave)

7. My mother _____ medicine during university. (to study)

8. How long _____ at this company? (Steve/to work)

9. I _____ Monica ten minutes ago. (to call)

10. She _____ her grandmother yet. (not/to visit)

Termina la pregunta o la respuesta con el presente perfecto o el pasado simple.

1. Q: _____ a country in Southeast Asia? (you/ever/to visit)

A: No, I haven't.

01 / Primera Parte

2. Q: What _____ your favorite movie when you were young? (to be)

A: My favorite movie was Toy Story.

3. Q: _____ dinner yet? (they/to cook)

A: No, they _____.

4. Q: Where _____ for your dad's birthday? (to go)

A: We _____ to a Japanese restaurant.

5. Q: _____ tell you what happened last night? (he/to tell)

A: No, he _____. What happened?

6. Q: _____ her purse yet? (she/to find)

A: Yes, she _____ it in the kitchen two days ago.

7. Q: Why _____ his plane this morning? (he/to miss)

A: He _____ his passport. (not/to be able to/find)

8. Q: When _____ from university? (we/to graduate)

A: We _____ in 2008.

9. Q: _____ all of the cookies already? (she/to bake)

A: No, she _____.

10. Q: How many tournaments _____ so far? (they/to win)

A: They _____ six.

48

07

Pasado Simple y Continuo

El pasado simple, como ya sabemos, se usa para hablar de eventos terminados en el pasado.

El pasado continuo se usa para eventos que transcurren durante cierto tiempo en el pasado. Se usa, específicamente, en dos casos:

1. Para dar énfasis a lo que dura una actividad o situación.

2. Para decir que una acción estaba pasando cuando otra cosa sucedió en medio.

Un ejemplo del primer caso sería:

I'm exhausted. I was working all day. = énfasis en el tiempo que has trabajado.

Un ejemplo del segundo caso sería:

While I was eating lunch, Peter phoned me. = La llamada de Peter pasó mientras estaba comiendo.

El pasado continuo se forma con un pasado del verbo **to be** (específicamente **was** o **were**) y el gerundio. Nota la similitud con el presente continuo, que tiene un presente de **to be** y el gerundio. No hay que cambiar nada más!

Más ejemplos del pasado simple para enfatizar el tiempo que dura una actividad:

I was living in Paris for 7 years.

01 / Primera Parte

She was working in that company for her whole life.

I was walking around town all morning.

They were drinking beer all afternoon.

She was talking for hours. It was so boring!

We were eating until almost midnight.

Las negaciones se hacen con **wasn't/weren't** y el gerundio.

I wasn't working for very long.

He wasn't talking to you.

They weren't listening to the Beatles, they were listening to Elvis Presley.

I wasn't living in Paris, I was living in Berlin.

She wasn't running all morning, she was walking.

Y las preguntas se hacen poniendo el auxiliar **was/were** antes del sujeto:

What were you doing last night?

What was she doing at 10 o'clock this morning?

I'm sorry, were you talking to me?

Was she wearing a black dress yesterday?

Was she living with her parents last year?

El segundo uso del pasado continuo es una acción larga en el pasado y una cosa que pasa en medio. Hay acciones largas, que pueden tardar un buen rato (I was eating) y acciones más breves que pueden pasar en el medio (Peter phoned me).

Este tipo de frase es bastante fácil de traducir al español:

> I was eating when Peter phoned me. = Estaba comiendo cuando me llamó Peter.

Más Ejemplos:

> I was walking in the city center when I saw Lucy.
>
> She was talking to her mother when her boss called.
>
> She cut her finger while she was cooking.
>
> They were living in Germany when their daughter was born.
>
> He was standing in the street when I walked past.
>
> They were working for an English company when I met them.
>
> She was studying for her exam when I arrived.

Muchas veces la diferencia entre pasado simple y pasado continuo es mínimo. Aquí la diferencia es de énfasis y nada más:

> I lived in Paris for 7 years.
>
> I was living in Paris for 7 years.
>
> I walked for an hour.
>
> I was walking for an hour.
>
> They sat around all day.
>
> They were sitting around all day.

Igual que el caso del presente continuo, hay ciertos verbos que no se suelen usar en pasado continuo. Normalmente son verbos que hablan de una acción breve o puntual:

01 / Primera Parte

The bus stopped.

He bought a newspaper from the man on the corner.

Pero si queremos hablar de algo repetido del pasado, podemos usar pasado continuo:

He was buying the newspaper from the same man every day for years.

The bus was stopping every two minutes.

Hay otro tipo de frase que podemos hacer con el pasado continuo. Si estamos haciendo dos cosas de forma continua y simultánea, podemos decir:

I was sitting on the sofa and reading the newspaper.

She was walking down the street and talking on her mobile.

They were shouting and arguing all night.

Fíjate que solo se usa una vez el verbo to be en estos ejemplos. Como el sujeto no cambia, se sobreentiende en la segunda parte de la frase y ponemos el gerundio sin nada más.

Un ejemplo de como combinamos dos frases de esta manera:

She was eating fish. She was drinking wine.

Combinamos y tenemos:

She was eating fish and drinking wine.

Vocabulario:

sit around = estar sentado sin hacer nada

corner = esquina

Los tiempos verbales

finger = dedo

boss = jefe

exhausted = muy cansado

shout = gritar

argue = discutir

08

Texto: Pasado Simple y Continuo

Aquí tienes una pequeña historia en pasado simple y pasado continuo.

El pasado continuo se usa para acciones continuas del pasado, y también para el estilo indirecto. Por supuesto, hay algunas otras cosas que entran en este texto como los verb patterns (que veremos en el siguiente capítulo) y un poco de **had to** (el pasado de **have to**, que se traduce por **tenía que** hacer algo).

One morning, Bill was sitting at home reading the newspaper when the phone rang.

It was his friend John from university. He said he was visiting Bill's hometown and wanted to see him. They decided to go out for a drink.

Bill arrived at the bar at 8 o'clock, and John was already there. He was standing at the bar and drinking a beer.

Bill asked John what he was doing with his life. John said he was working for an American company and he was living with his wife and two kids. He was earning good money but the job was sometimes very boring.

Bill told John he was living with his girlfriend and writing for local newspaper.

01 / Primera Parte

After they finished their beer, they went to have dinner. While they were walking to the restaurant, they saw Bill's friend Sarah, who was crossing the street in front of them. Bill stopped her and invited her to come to dinner.

Sarah said she wasn't doing anything that night, so she agreed to come to dinner.

They arrived at the restaurant and sat down to eat. Sarah ordered the fish, and Bill and John ordered the chicken.

It was a very good dinner. While they were eating, they talked about their lives. Sarah was looking for a new job because she didn't like her current one. She was also looking for a new boyfriend because her current boyfriend was annoying her.

When they finished dinner, they went to another bar to have a drink and then they all went our separate ways and went to bed. John had to get up early the next day for a business meeting, Sarah had to go to work, and Bill had to write an article for the newspaper the next day.

Preguntas y respuestas

Q: What was Bill doing when John called?

A: I was sitting at home and reading the newspaper.

Q: Where did Bill and John meet?

A: They met at university.

Q: What was John doing when Bill arrived at the bar?

A: He was standing at the bar and drinking a beer.

Q: Was John earning good money at his job?

A: Yes, he was.

Los tiempos verbales

Q: Was Bill living alone?

A: No, he wasn't. He was living with his girlfriend.

Q: Who did they see in the street?

A: They saw Bill's friend Sarah.

Q: Did Sarah join them for dinner?

A: Yes, she did.

Q: Was Sarah looking for a new boyfriend?

A: Yes, she was.

Q: Did Sarah order the chicken?

A: No, she didn't. She ordered the fish.

Q: Did they have a drink after dinner?

A: Yes, they did.

Q: Did Sarah have to work in the morning?

A: Yes, she did.

Q: Was Bill writing an article at the bar?

A: No, he wasn't.

Q: Did he have to write an article the next day?

A: Yes, he did.

Vocabulary

annoying = molesto (también es el gerundio de verbo *annoy* = molestar)

01 / Primera Parte

current = actual (cuidado, que actualmente = *currently*... Actually en inglés = verdaderamente)

hometown = ciudad / pueblo natal

cross the street = cruzar la calle

Los tiempos verbales

Ejercicios 3: Pasado Simple y Pasado Continuo

Termina las frases con el verbo dado en pasado simple o pasado continuo.

1. Where _____ at ten o'clock last night? (you/to be)

2. I _____ television, when Jacob _____. (to watch/to call)

3. They _____ to the cinema last weekend. (to go)

4. What _____ when the phone rang? (he/to do)

5. When Alicia _____ this morning, her grandmother _____ breakfast. (to wake up/to cook)

6. He _____ his leg when he _____ skiing. (to break/to go)

7. I _____ when the students _____ me. (to speak/to interrupt)

8. My father _____ the dishes, while I _____ on the computer. (to wash/to play)

9. We _____ the problem many times, but she _____. (to explain/not/to understand)

10. I _____ with you yesterday. (not/to be angry)

11. My sister _____ her homework until this morning. (not/to finish)

01 / Primera Parte

12. She _____ (to spill) her coffee while she _____. (to drive)

13. The thieves _____ in the basement when the police _____. (to be/to arrive).

14. I _____ a surprise birthday party for my sister, then I _____ all of her friends. (to plan/to invite)

15. He _____ at the fitness center in the university. (to exercise)

16. Mario always _____ dirty clothes on the floor. (to leave)

17. They _____ in New York from 2008-2010. (to live)

18. She _____ to the doctor last week because her stomach _____. (to go/to hurt)

19. I _____ two glasses of wine with dinner. (to drink)

20. When _____ your project? (to finish)

21. I _____ (to water) the plants, when I _____ (to hear) a loud noise.

22. What _____ (you/to study) in university?

23. Danny _____ (to pay) the electricity bill already.

24. She _____ (to write) an essay on the Spanish Civil War.

25. They _____ (to drive) across the Brooklyn Bridge when the accident _____ (to happen).

Antes de seguir...

Antes de seguir, quiero ofrecerte la oportunidad de suscribirte a mis lecciones gratuitas por correo. Más de 20 mil personas alrededor del mundo ya reciben, gratis, 2 o 3 lecciones por semana. También te avisaré cuando publique más libros y cursos online que pueden ser de tu interés. Suscríbete aquí: madridingles.net/suscribir

Y por cierto, si quieres saber mucho más de los tiempos verbales, tengo una página en la web para eso también: madridingles.net/tiempos-verbales

02 / Segunda Parte

Otras Estructuras Esenciales

Aquí tienes otras estructuras comunes al hablar inglés: los verb patterns, like y would like, should, have to y has to para hablar de obligaciones y sugerencias… y algo sobre la cortesía.

Además, estructuras más complejas como primer condicional, segundo condicional y los comparativos y superlativos.

¡Adelante!

Otras Estructuras Esenciales

09

Los Verb Patterns: Introducción

Los verb patterns son algo complicados para los hispanohablantes, porque no se usan mucho en el español. En inglés, cuando combinamos dos verbos, a veces el segundo verbo cambia. O va en gerundio, o en infinitivo (con o sin to).

La expresión "verb patterns" podría traducirse por "pautas de comportamiento de los verbos." Creo que en español sólo hay uno: verbo conjugado + infinitivo.

Por eso es algo más complicado en el inglés: porque tenemos más opciones de lo que hacer después de un verbo conjugado.

Un verb pattern que ya sabemos es **can** + infinitivo. Los verbos modales (**can, could, should, must,** etc.) se usan siempre con el infinitivo (sin to) en todas las personas y también en negativo y pregunta.

I can speak Italian, but I can't speak German.

Can she speak Italian?

Los otros dos verb patterns comunes son verbo + gerundio y verbo + to + infinitivo:

I love going to the cinema. (love + gerund)

I want to go to the Bahamas. (want + to + infinitive)

02 / Segunda Parte

Cuidado: El uso del gerundio en estas estructuras no implica que sea un presente continuo! El gerundio se usa en varias estructuras en inglés, los tiempos continuos entre ellas, pero un **like + gerundio** es presente simple: el gerundio está ahí porque la gramática nos obliga.

Si fuera continuo, tendría una forma del verbo **to be.**

I'm walking in the park. (presente continuo)

I like walking in the park. (like + gerundio)

He's cooking pasta. (presente continuo)

He likes cooking. (like + gerundio)

Cual es la diferencia entre verbo + gerundio y verbo + to + infinitivo?

Un verbo + gerundio normalmente habla de una situación real, una experiencia que tenemos.

I like going to the beach. (Una experiencia que he tenido)

I hate going to the dentist. (Una experiencia que he tenido).

Un verbo + to + infinitivo normalmente habla de una situación futura o hipotética, que no ha pasado todavía.

I want to go to the beach this summer. (Un deseo del futuro que no ha pasado todavía)

I hope to see you tomorrow. (Una cosa que podría pasar o no.)

I expect to get a raise next year. (algo en el futuro)

I would like to have children someday. (algo hipotético)

Por supuesto que (casi) todas las reglas en inglés tienen sus excepciones, y no podemos fiarnos mucho de ninguna. Pero esta regla nos da una idea de que verb pattern usar en el 80% de los casos que vamos a encontrar.

Otras Estructuras Esenciales

Aquí veremos unos ejemplos de los verb patterns comunes: **like, love, hate** y **enjoy** + gerundio y **want, need, would like** y **hope** + **to** + infinitivo.

Por cierto, si quieres hay una lista de los verb patterns más importantes del inglés que puedes descargar en mi web: aprendemasingles.com/pdfs

Otras Estructuras Esenciales

10

Verb Patterns: like, love, hate and enjoy

El verb pattern más común es con **like + gerundio:**

I like going to the cinema.

He likes cooking.

She likes singing.

They like going to the beach.

We like walking in the park.

El verbo **like** se conjuga de forma normal, y el verbo que lo sigue siempre va en gerundio. Podemos hacer también pasado, las negaciones y las preguntas de la misma forma.

Como expliqué en el capítulo anterior, todas estas frases hablan de experiencias reales, experiencias que hemos tenido de verdad.

I liked swimming when I was a child.

I don't like cleaning the house.

She doesn't like going out. She likes staying home.

Do you like going out?

Does he like cooking?

**02 / ** Segunda Parte

They didn't like travelling when they were younger.

He likes reading books, but he doesn't like reading the newspaper.

What do you like doing in your free time?

Se hace lo mismo con otros verbos comunes, como **love, hate** y **enjoy** – añadiéndoles el gerundio después. Todos verbos de preferencia, por cierto.

I love travelling!

She hates going to the dentist.

Do you enjoy going to discos?

I hate ironing my shirts. Do you like ironing?

Barbara enjoys working with children.

My father likes watching sports on TV.

Por supuesto, podemos seguir usando **like, love, hate** y **enjoy** con un sustantivo como siempre hemos hecho:

Do you like chocolate?

I like Italian food.

I hate broccoli, but I love spinach.

She enjoys old films.

Mucho cuidado con **like y would like**! Would like va con to + infinitivo, como veremos en la siguiente unidad.

Más ejemplos con **like:**

He likes visiting new places.

Otras Estructuras Esenciales

She likes going out with her friends.

They like watching TV.

Do you like listening to music?

Of course. I also like going to concerts.

What kind of music do you like listening to?

I like listening to rock music.

He doesn't like getting up early.

I don't like ironing, but my sister does.

Does Susan like jogging?

Más ejemplos con **love:**

Love se traduce por el español "amar," pero el hecho es que el verbo "amar" no se usa mucho. En estas frases podrías traducirlo también como "Me encanta..."

She loves walking on the beach.

We love spending the weekend at home relaxing.

Do you love making cookies, or do you just love eating cookies?

I love travelling. I go somewhere new every year.

He loves going to concerts. He goes to one almost every weekend.

I love waking up early, but I don't like staying up late.

What do you love doing most?

She loves spending time with her family.

02 / Segunda Parte

When I was a child, I loved swimming in the lake near our home.

He loved going out when he was younger, but now he enjoys staying home.

Más ejemplos con **hate**:

He hates travelling by plane.

My children hate eating vegetables.

I hate ironing. Would you like to iron my shirt?

They hate going to the doctor.

I hate standing in line.

Do you hate washing the dishes?

He hates washing the dishes, but he enjoys doing the laundry.

I hated studying for exams when I was at university.

Más ejemplos con **enjoy**:

I enjoy learning new things, especially languages.

Do you enjoy learning English?

She enjoys spending time with her grandmother.

She enjoys being a teacher because she loves working with children.

They enjoy doing yoga.

Does he enjoy working in an office?

He doesn't enjoy working in an office very much.

What do you enjoy doing on holiday?

I enjoy just relaxing on the beach.

Si hablamos de varias actividades en la misma frase, podemos usar un sólo *like / love / hate / enjoy* y luego todos los gerundios que queremos:

I like cooking, reading books, walking in the mountains and playing my guitar. (**like** + cuatro gerundios!)

She hates getting up early, going to the dentist, ironing, and waiting in line. (**hate** + cuatro gerundios!)

Vocabulario:

to stand in line = hacer cola

to spend time = pasar tiempo

to relax = relajarse

to iron = planchar

to wash the dishes = lavar los platos

to do the laundry = lavar la ropa / hacer la colada

Otras Estructuras Esenciales

11

Verb patterns: would like to, want to, need to, hope to

El otro verb pattern que tenemos que aprender es verbo + to + infinitivo.

I want to go to the concert.

She would like to buy a car.

He needs to finish his homework.

They hope to get married in a couple of years.

Igual que los otros verb patterns, se puede usar en negativo y interrogativo, además de cambiar los tiempos verbales.

Do you hope to get a raise next year?

Yes, I do. / No, I don't

Would you like to have children some day?

Yes, I would. / No, I wouldn't.

Do you want to go to the beach this summer?

Yes, I do. / No, I don't.

Did you want to go to the concert?

Yes, I did, but I didn't have enough money.

02 / Segunda Parte

Más ejemplos con **want to**:

> A: *I want to go to the cinema. What's playing this weekend?*
>
> B: *The new Tarantino film. Do you want to see it?*
>
> *She wants to study journalism at university.*
>
> *Does she want to study art?*
>
> *I want to buy a new car.*
>
> A: *Do you want to go out on Friday night?*
>
> B: *Sure. Where do you want to go?*
>
> *They wanted to sell their house, but now they're renting it.*
>
> A: *Does he want to marry her?*
>
> B: *No, he doesn't. He doens't want to get married.*
>
> A: *Do they want to come to the party?*
>
> B: *They want to come to the party but they can't. They have other plans.*
>
> *I want to learn a foreign language.*
>
> *I don't want to make dinner, I only want to relax!*

Más ejemplos con **need to**:

> *I need to talk to you. Do you have a minute?*
>
> *You need to save money if you want to go to Thailand.*
>
> *Do I need to ask for a visa before I go to the USA?*
>
> *You don't need to call me, you can just write me an email.*

Otras Estructuras Esenciales

She doesn't need to study, she already passed the test.

Are you okay? Do you need to go to the doctor?

En afirmativo, **la would like to** expresa que algo es hipotético--no lo tenemos ahora mismo.

En pregunta es normalmente una oferta, o una pregunta sobre algo hipotético. También puede usarse para pedir algo de forma indirecta.

Traduciéndolo por el español me gustaría, entendemos el significado. "Me gustaría hacer algo" no significa que lo vaya a hacer!

Más ejemplos con **would like to**:

I'd like to eat a hamburger.

Would you like to go out for a drink?

He would like to earn more money.

She would like to buy a new car.

I wouldn't like to live with him. He's so messy!

Would you like to come to my birthday party?

Where would you like to go on your next holiday?

The boss would like to talk to you.

Hope es un poco especial porque la negación se hace de forma distinta. Normalmente, se dice I **hope not to + verbo. Hope** además es un poco distinto del español "esperar," porque se refiere a la emoción de la esperanza. Para hablar de esperar a que llegue un autobús, por ejemplo, usamos el verbo **wait.**

02 / Segunda Parte

Mas ejemplos con **hope**:

I hope to pass the test, but I don't know if I studied enough.

I hope not to fail the test.

He hopes to become a doctor when he's older.

He hopes not to be unemployed like all his friends.

A: What do you hope to do when you finish university?

B: I hope to get a good job with a good salary.

Where do you hope to work when you graduate?

Do you hope to live to be 100 years old?

I hope to win the race. I've been training very hard.

They hoped to arrive before dinner, but in the end they were late.

Nota: Con **hope** hay un par de expresiones especiales: *I hope so / I hope not*. Esos equivalen al español "Espero que sí" o "Espero que no."

Q: Are you going to see her tomorrow?

A: I hope not.

Q: Are you going to get a job soon?

A: I hope so.

Q: Does she want to go out with you?

A: I hope so.

Q: Are you getting sick?

A: I hope not.

Vocabulario:

a raise = una subida salarial

enough = bastante

to rent = alquilar

to relax = relajarse

a foreign language = una lengua extranjera

¿Preparado para más ejercicios? Vamos a practicar un poco antes de seguir con otro tema…

Ejercicios 4: Verb Patterns

Termina las frases con el verb pattern correcto.

1. He _____ in restaurants alone. (hate/to eat)

2. My father _____ cookies. (love/to bake)

3. When I was younger I _____ poetry. (like/to write)

4. Does your sister _____ to concerts? (like/to go)

5. My grandfather _____ on the farm when he was a child. (not/like/to work)

6. Mark and Susan _____ every day when they lived in New York. (enjoy/to shop)

7. On the weekends I _____ and _____. (love/to cook/to exercise)

8. My brother _____ a lot of money on clothes (hate/to spend).

9. She _____ late. (not/like/to wake up)

10. Do they _____ video games as much as you do? (love/to play)

Termina las frases con el verb pattern correcto.

1. _____ this bicycle but it is too expensive. (I/would like/to buy)

2. Where _____ in five years? (you/hope/to be)

3. _____ in the future? (you/want/to get married)

02 / Segunda Parte

4. She was late to work because she _____ her son to the doctor. (need/to bring)

5. _____ a house with at least three bedrooms. (we/hope/to buy)

6. _____ early so that we can eat dinner right away. (we/would like/to leave)

7. How _____ the competition this year? (they/hope/to win)

8. I'm not sure, but _____ every day in order to prepare well. (they/need/to practice)

9. Bosco _____ pizza to the party, but the pizzeria was closed. (want/to bring)

10. Do you think we will win the lottery? I _____ (hope).

12

Like y Would like

Conocemos ya el verbo **like**, que equivale (más o menos) a gustar.

I like chocolate.

I don't like fish.

Do you like fish?

Yes, I do. / No, I don't.

Like tiene otro uso con el auxiliar **would** delante. Se usa, concretamente, para pedir o ofrecer algo. Después de **would**, la palabra **like** siempre va en infinitivo. O sea, que no cambia para tercera persona.

I would like a glass of water, please. = Me gustaría un vaso de agua, por favor.

La forma es igual para todas personas (como otros auxiliares **can, will, should,** etc.) y tiene una forma corta.

I would like it. = I'd like it.

You would like it. = You'd like it.

He would like it. = He'd like it.

She would like it. = She'd like it.

We would like it. = We'd like it.

They would like it. = They'd like it.

02 / Segunda Parte

En la pronunciación de la forma corta, se pronuncia una "d" y nada más, así puede ser un poco difícil de oír. Pero lo más común es usar la forma corta, no todo el "would" en una afirmación.

Otra nota sobre la pronunciación: la L en would no suena, lo cual significa que **would** suena igual que **wood.**

Las negaciones se hacen con **wouldn't** donde tampoco suena la L.

I wouldn't like it.

You wouldn't like it.

He wouldn't like it.

She wouldn't like it.

We wouldn't like it.

They wouldn't like it.

Las preguntas se hacen como otras estructuras interrogativas, poniendo el auxiliar por delante:

Would you like some coffee?

Would he like a sandwich?

Would she like to go to the concert?

Would they like to come with us?

Así podemos diferenciar entre una frase *Do you like...?* (sobre si te gusta algo en general) y una con *Would you like...?* (que es una oferta que estoy haciendo ahora).

Q: Do you like chocolate? = una pregunta sobre tus preferencias

A: Yes, I do.

Otras Estructuras Esenciales

Q: Would you like some chocolate? = una oferta de chocolate

A: Yes, I would.

Q: Do you like Italian food?

A: Yes, I love it.

Q: Would you like to go out for a pizza?

A: Not tonight. Maybe tomorrow.

Q: Do you like coffee?

A: Yes, I do.

Q: Would you like a cup of coffee?

A: No, thanks. I just had one.

Q: Does he like red wine?

A: Yes, he does.

Q: Would he like more wine?

A: I don't know. You should ask him.

Fíjate que would like puede ir seguido de un sustantivo:

Would you like some more wine?

O bien de un verbo en infinitivo:

Would you like to go out to dinner?

Tanto **like** como **would like** son transitivos, así necesitan un complemento. En español se puede decir "Sí, me gusta" sin nada más, pero en inglés por lo menos necesitamos un pronombre.

02 / Segunda Parte

Do you like my hat?

Yes, I like it. / Yes, I do.

Does she like cats?

Yes, she likes them a lot. / Yes, she does.

Con el pronombre, podemos también hacer la pregunta:

Q: I bought a new hat. Do you like it? (It es obligatorio y se refiere al sombrero.)

A: Of course I like it.

Q: I bought some new shoes. Do you like them? (Them se refiere a shoes, un sustantivo en plural.)

A: No, I don't like them very much.

Más información sobre el tema de **like** y **would like** en el capítulo sobre verb patterns.

Ejercicios 5: Like y Would Like

Termina la frase usando like or would like. Termina la respuesta con would / wouldn't. ¡No te olvidas de los pronombres!

1. Q: _____ to the movies with me? (you/to go)

    A: Yes. Let's go tomorrow.

2. Q: Would the children like to go to the beach this weekend?

    A: No, _____. There is a school dance this weekend.

3. Q: _____ children or adults? (he/to teach)

    A: I think he prefers to teach adults.

4. Q: _____ the red dress Anna bought me? (you)

    A: Yes, I like it very much.

5. Q: _____ sushi tonight or pasta? (they/to eat)

    A: Mom says they would like to eat pasta.

6. Q: Where _____ this summer? (you/to travel)

    A: I hope to travel to Vietnam.

7. Q: Would James like to see a rock concert?

    A: No, _____.

8. Q: _____ pop music? (she/to sing)

    A: No, she told me she likes to sing jazz.

02 / Segunda Parte

9. Q: Would you like to do an art class this year?

    A: Yes, _____.

10. Q: _____ by plane? (you/to travel)

    A: No, I like traveling by bus.

13

La Cortesía

En el mundo angloparlante, nos preocupa mucho el tema de la cortesía. Casi todos queremos ser polite la mayoría del tiempo.

Puede sonar un poco ridículo a la gente de otros países, pero es muy necesario en Inglaterra o Estados Unidos para quedar bien con la gente en tu alrededor.

Antes de nada, aprende estas 3 expresiones y empieza a usarlas en cada conversación que tienes:

Please. = Por favor.

Thank you. = Gracias.

You're welcome. = De nada.

No te preocupes de usarlas demasiado. En la mente anglosajona, no existe el concepto de "demasiada cortesía."

Una alumna me preguntó sobre este tema en clase el otro día:

"Pero aunque te estén apuñalando hay que ser *polite*?"

Sí, básicamente es así. Puede parecer incluso hipócrita a los hispanohablantes (he oído lo de que somos todos unos hipócritas más veces de lo que quiero acordarme) pero que te disguste alguien personalmente no significa que no haya que ser polite.

Bueno, entonces, estáis avisados. Hazlo y ya está!

02 / Segunda Parte

Una forma de pedir algo con cortesía usa los auxiliares **can** o **could**.

Can I please have a glass of water?

O bien:

Could I please have a glass of water?

Usar **could** es un poco menos directo, y por lo tanto, más cortés.

También podemos pedir que alguien haga algo con la frase hecha "Would you mind..." + un gerundio.

Would you mind answering the phone? I'm busy. = Te importaría contestar al teléfono? Estoy ocupado.

Una cosa que se hace mucho en España (no sé si es igual en otros países donde se habla el castellano) es usar el imperativo.

En inglés es mejor evitar totalmente el imperativo a no ser que seas:

1. Militar o policía.

2. Alto directivo en una empresa.

3. Padre o madre de un niño pequeño.

En cualquier situación con familia o con amigos o compañeros es mucho mejor usar una pregunta que un imperativo:

Could you please pass the salt? = Pásame la sal.

Would you mind turning off the light? = Apaga la luz.

Incluso si estamos en una tienda o un restaurante, hablamos con los que trabajan ahí con esta misma cortesía.

Otras Estructuras Esenciales

Could I please have a cup of coffee?

I'd like a hamburger and a coke, please.

Unos ejemplos prácticos de frases corteses:

Could you please be quiet? I'm trying to sleep.

Would you mind bringing me a glass of water? I'm really thirsty.

I'd like a cup of tea, please. With sugar, please.

Would you mind helping me with my homework?

Could you please call me later?

Could I use your pen for a moment? Thanks!

Una conversación telefónica...

(Ring ring!)

Secretary: Good morning! Thank you for calling Goodman Industries. How may I help you?

Caller: Good morning, I'd like to speak with Mr Jones, please.

Secretary: I'm sorry, Mr Jones isn't here today. May I take a message?

Caller: Yes, please. Could you please tell him that John Brown from OmniCorp called?

Secretary: Of course.

Caller: And could you tell him I won't be able to come to the meeting on Friday?

Secretary: Okay, thank you very much for calling. Anything else?

02 / Segunda Parte

Caller: No, thanks. Have a nice day.

Secretary: Same to you. Bye!

Nota: la expresión *May I...?* se usa para pedir permiso de hacer algo, o para sugerir. Es parecido a *Can I...?* pero un poco más formal.

Trato más el tema de la cortesía en las secciones de **Vocabulario: La Comida** y **Like / Would like.**

Otras Estructuras Esenciales

14

Should (Sugerencias)

Para sugerir que alguien haga algo, usamos el **modal auxiliary should**. La palabra should funciona más o menos como **can**. Se traduce más o menos como **debes** o **deberías**.

Sobre el tema de **debes** o **deberías**, no puedo decir que los diferenciamos mucho en inglés. Se puede usar **should** para las dos cosas, y se entiende más o menos como "sería una buena idea hacerlo, pero no necesariamente lo vas a hacer."

Como **can**, el auxiliar **should** es igual para todas personas, y va seguido de un verbo en infinitivo sin **to**.

Y ¡cuidado con la pronunciación! La L no suena... igual que would y could, la L es muda.

Ejemplos del uso de should

I should call her.

You should call her.

He should call her.

She should call her.

We should call her.

They should call her.

02 / Segunda Parte

La negación se hace con **not** o (más frecuentemente) con la forma corta **shouldn't**. La negación shouldn't es una sugerencia de no hacer algo, igual que el español no debes o no deberías.

I shouldn't smoke.

You shouldn't smoke.

He shouldn't smoke.

She shouldn't smoke.

We shouldn't smoke.

They shouldn't smoke.

La pregunta se hace (como ya hemos visto en otras estructuras) poniendo el verbo auxiliar antes del sujeto.

Should I close the door?

Should you close the door?

Should he close the door?

Should she close the door?

Should we close the door?

Should they close the door?

Y la respuesta corta funciona como las demás: con una repetición del sujeto adecuado y el auxiliar should:

Q: Should I call Sandra?

A: Yes, you should.

Q: Should I open the box?

A: No, you shouldn't.

Q: Should Pedro quit his job? (quit your job = dejar el trabajo)

A: No, he shouldn't.

Q: Should Pedro exercise more?

A: Yes, he should.

Muchas veces, como se trata de una sugerencia, se usa *I think you should...* o bien *Do you think I should...?* Con el verbo **think** cambiamos las cosas un poco:

Q: Do you think I should go to the doctor?

A: Yes, I do. / Yes, I think you should.

Q: Do you think Elena should leave her boyfriend?

A: Yes, I do. / Yes, I think she should.

Más ejemplos:

I think you should talk to your boss.

I don't think you should quit your job.

She thinks I should call the police.

She doesn't think I should stop studying.

Usado con el pronombre **it** o con algo no-humano, expresa una posibilidad. (Las cosas sin genero no tienen muchas cosas que deberían hacer.)

It should rain tomorrow.

The weather should be nice next week.

02 / Segunda Parte

The book should be on the table.

The money should already be in your bank account.

I bought the fish yesterday. It should still be good.

Conversaciones con should:

A: You should call Sandra. It's her birthday.

B: Do you think I should buy her a present?

A: Yes, of course you should.

B: What should I buy her?

A: She really likes reading. You should buy her a book.

...

A: I should eat less. I'm starting to gain weight.

B: Yes, you should eat less sugar.

A: Well, I know I should, but I love sweets.

B: You should go on a diet anyway. It will be good for your health.

A: Yeah, I suppose I should. Thanks for the advice.

...

A: I'm very angry with my boyfriend. What should I do?

B: I think you should tell him how you feel.

A: And what if he doesn't care? What should I do then?

B: You should leave him and find a new boyfriend!

Otras Estructuras Esenciales

A: *I'll never find another boy like him.*

B: *Good! You should look for someone more sensitive.*

Vocabulario:

account = cuenta bancaria

gain weight = ganar peso

sweets = dulces, golosinas

anyway = de todos modos

sensitive = sensible (cuidado, que sensible en inglés = sensato)

go on a diet = hacer régimen

health = salud

advice = consejo (en inglés va siempre en singular... para contar, usamos **a piece of advice**)

Seguimos con la forma más común de hablar de la obligación...

15

Have to y Has to (Obligaciones)

Usamos la estructura **have to + infinitivo** para hablar de obligaciones. Normalmente se trata de obligaciones externas – o sea, obligaciones que vienen de una autoridad fuera de uno mismo. La cuestión no es que uno quiera hacerlos, es que **tiene que** hacerlos. Con eso, se traduce básicamente como la estructura "tener que hacer algo" en español.

I have to get up early tomorrow because I start work at 8. (Lo decide mi jefe.)

I have to be at the airport at 10 because my flight leaves at 11:30. (El vuelo sale indiferente de si llego o no.)

If you want to go to the USA, you have to get a visa. (Las autoridades te harán la vida difícil si no lo haces.)

Have to se cambia a **has to** en la tercera persona singular.

I have to pay my taxes.

She has to pay her taxes.

La negación se hace con ***don't have to*** y **doesn't have to.** No lo trates como si fuera un presente perfecto!!! Es un presente simple de toda la vida!

I don't have to pay rent because I live with my parents.

She doesn't have to get up early tomorrow because it's Saturday.

02 / Segunda Parte

La negación **don't / doesn't have to** quiere decir que no hay obligación de hacer algo. En español se podría traducir como "no hace falta" or "no es necesario."

You don't have to do the dishes. I've already done them.

He doesn't have to wear a uniform for his job.

We don't have to buy food. The fridge is full.

Las preguntas también se hacen como si fueran un presente simple normal y corriente:

Do I have to get a visa before I go to the USA?

Do you have to get up early tomorrow?

Does Carlos have to work on Saturday?

What time does he have to be at work?

El pasado de **have to** es **had to**, que funciona para todas las personas.

Yesterday, I had to get up at 5 o'clock, but today I don't have to get up until 10.

When I was young, I had to do a lot of homework for school.

My grandfather had to fight in the war. He didn't want to, but it was compulsory.

Más ejemplos:

If you want to go to that restaurant, you have to book a table.

You have to buy the ticket before the concert.

She has to make dinner for her children.

Otras Estructuras Esenciales

You have to study if you want to pass your exams.

Q: What do you have to do tomorrow?

A: I have to finish an important project at work.

Q: Does your sister have to study tonight?

A: Yes, she does. And she has to get up early for the test tomorrow.

Q: Do they have to work on Saturday?

A: Yes, they do. The shop is open on Saturday mornings.

Otras Estructuras Esenciales

16

Textos: Have to / Has to

Aquí tienes unos textos sobre obligaciones, que usan **have to** y **has to.**

I'm John, and I'm a doctor. Let me tell you about my job. First of all, I have to work hard. Sometimes I have to work 24 hours or more without stopping!

I have to wear my white coat and gloves when I'm with a patient, and I have to wash my hands all the time.

I work in a hospital, and we have a lot of nurses working with us. The nurses also have to work hard, but they don't have to work as many hours as the doctors. Some of them have to work during the night, and some have to work the morning or the afternoon.

Sometimes, I have to get up early so I can arrive at the hospital at 8 AM, but it depends on the day. I have to work one weekend every month, and sometimes I have to work on holidays. Someone has to take care of people!

When I was younger, I had to study for a long time to become a doctor. I had to go to university and then work in a hospital without pay. Now, I have to study new medicines and new techniques. It's a great job if you like working hard!

02 / Segunda Parte

Questions and answers:

Q: Does John have to work hard?

A: Yes, he does.

Q: Does he have to wear a uniform?

A: Yes, he does. He has to wear a white coat and gloves.

Q: Does he have to wash his hands a lot?

A: Yes, he does.

Q: Do the nurses have to work hard, too?

A: Yes, they do.

Q: Does John have to work every weekend?

A: No he doesn't. He only has to work one weekend per month.

Q: Did he have to study a lot to become a doctor?

A: Yes, he did.

Q: Does he have to study today?

A: Yes, he does. He has to study new medicines and techniques.

TEXTO: Have to / Has to (2)

My grandfather is retired, so he doesn't have to work anymore.

When he was younger, he was an electrician, and he sometimes had to get up very early to start work. He had to install lights or wires in people's houses, and he had to fix things when there was a problem.

He had to work long hours, and he had to work on weekends if there was an emergency.

He didn't have to go to university to become an electrician. He had to study a professional training course, and then he had to do an apprenticeship.

Now, he doesn't have to do anything. He wakes up late, and he reads the newspaper every morning. He's very relaxed.

Q: Does my grandfather have to work now?

A: No, he doesn't. He's retired.

Q: What did he do when he was younger?

A: He was an electrician.

Q: Did he have to start work very early?

A: Yes, he did.

Q: Did he have to work long hours?

A: Yes, he did.

Q: Did he have to go to university?

A: No, he didn't.

Q: Does he have to wake up early now?

A: No, he doesn't. Now he can wake up late.

Vocabulario:

lights = luces

wires = alambres

uniform = uniforme

02 / Segunda Parte

gloves = guantes

nurse = enfermera

apprenticeship = aprendizaje (en el sentido de entrenamiento para un trabajo)

fix = arreglar

Ejercicios 6: Would, Have to, Has to

Termina la frase con el verbo y la forma adecuada: **should, have to, or has to.**

1. The shipment _____ by eleven o'clock tomorrow morning. (to arrive)

2. Danny _____ his homework before he can go to his friend's house. (to finish)

3. I _____ extra hours if I want to save money for the wedding. (to work)

4. Do you think Samantha _____ her boyfriend the truth? (to tell)

5. I'm going to be late. I _____ my sister cook lunch. (to help)

6. John and Bobby _____ for the train if they hope to make it on time. (to run)

7. She _____ every day this week to pass the exam. (to study)

8. _____ this weekend? It's a holiday. (you/to work)

9. What _____ my cousin for his birthday? (to buy)

10. They _____ early every morning to take the dog for a walk. (to get up)

02 / Segunda Parte

Termina la frase con el verbo y la forma adecuada: **shouldn't, don't / doesn't have to.**

1. Mother thinks we _____ the house until next year. (to sell)

2. The children _____ school uniforms this year. (to wear)

3. You _____ any food. We have plenty here. (to bring)

4. They _____ a new hospital. The current hospital is still in good condition. (to build)

5. Norbert is very angry. You _____ him right now. (to call)

6. The food isn't very good. It _____ this much money. (to cost)

7. We _____ dogs peanut butter. It's very unhealthy for them. (to feed)

8. I _____ to work until this afternoon. (to go)

9. The professor said we _____ all of the dates for the history exam. (to memorize)

10. You _____ to your parents. They will find out the truth. (to lie)

Otras Estructuras Esenciales

17

Primer Condicional y Segundo Condicional

Usamos el primer condicional para hablar de eventos más o menos probables en el futuro. Las frases condicionales generalmente tienen dos partes, una parte con if, que describe una condición que puede cumplirse y otra parte que describe el resultado de dicha condición.

La estructura tiene varias partes:

If + sujeto+ presente simple, sujeto + will + infinitive.

If it snows in December, we'll go skiing. = Si nieva en diciembre, iremos a hacer esquí.

O bien, al revés y sin la coma:

Sujeto + will + infinitive if + sujeto+ presente simple.

We'll go skiing if it snows in December. = Iremos a hacer esquí si nieva en diciembre.

En ambos casos, es una situación que vemos bastante probable.

Basta recordar que son dos partes, y que tenemos que separar la parte con if de la parte con **will**. Un error muy común es de poner los dos en el mismo lado de la frase, cosa que no pasa nunca en el inglés.

Ejemplos de la primera condicional:

If I have time, I'll call you.

02 / Segunda Parte

If I pass the test, I'll be very happy.

If I go to Mexico, I'll visit her.

If I'm hungry, I'll make a sandwich.

If he finishes early, he'll come to lunch.

If my mother is at home, she'll cook dinner.

Se puede cambiar la persona en la primera o en la segunda parte, o bien en las dos partes, dependiendo de lo que queremos expresar.

If she's hungry, I'll make a sandwich. = Si ella tiene hambre, yo haré un sandwich.

If I'm hungry, she'll make a sandwich. = Si yo tengo hambre, ella hará un sandwich.

If she's hungry, she'll make a sandwich. = Si ella tiene hambre, ella hará un sandwich.

Recuerda que siempre tenemos que poner el sujeto en las frases en inglés!

Para hacer la negación en primera condicional, también tenemos varias opciones:

1) Negar la primera parte, como si fuera un presente simple normal.

If you don't tell me, I'll be very angry. = Si no me lo cuentas, estaré muy enfadado.

2) Negar la segunda parte con won't:

If you tell me, I won't be very angry. = Si me lo cuentas, no estaré muy enfadado.

Otras Estructuras Esenciales

3) Negar las dos partes:

If you don't tell me, I won't be very angry. = Si no me lo cuentas, no estaré muy enfadado.

Depende, por supuesto, de lo que quieres decir.

Más ejemplos de afirmaciones y negaciones:

If you send the letter today, it will arrive on Monday.

If you don't send the letter today, it won't arrive on Monday.

If the weather is nice, we'll go to the beach.

If it rains, we won't go to the beach.

If he invites me to the party, I won't go.

If she quits her job, she won't have any money.

La pregunta se puede hacer de dos maneras:

Will you be angry if I tell you? = Estarás enfadado si te lo cuento?

If I tell you, will you be angry? = Si te lo cuento, estarás enfadado?

También se puede hacer una pregunta abierta con who/what/where etc

Q: *Where will you go if you're in Paris this summer?*

A: *I'll go to see all the important monuments.*

Q: *What will you do if you lose your job?*

A: *I'll look for a new one.*

Q: *Who will you call if you need help?*

A: *I'll call my father. He always helps me.*

02 / Segunda Parte

Segundo condicional

Una situación poco probable o irreal se expresa con el segundo condicional.

El segundo condicional se forma con if + pasado simple, would + infinitivo.

O sea, es más o menos igual que el primer condicional, pero en pasado. También puedes poner las partes al revés.

¡Cuidado!

Este pasado no se refiere al pasado – se refiere a una situación irreal o hipotética. Es como el subjuntivo en español – como no tenemos un subjuntivo "oficial" en inglés, usamos el pasado y punto.

Aquí un ejemplo:

If I had a million dollars, I'd travel around the world. (**I'd = I would**… pero en todo caso no tengo un millón de dólares!)

Ahí el **had** va en pasado y con el if se entiende bien: no tengo el millón de dólares. Es una situación hipotética o irreal.

Más ejemplos del segundo condicional...

Como ya he explicado: en cada frase aquí, la parte "if" es algo hipotético e irreal. Y así, la consecuencia (con **would** o su forma corta) es también irreal. Es lo que pasaría, si se cumpliera la primera parte.

If he had a girlfriend, he'd be much happier. (Pero no tiene novia…)

If she spoke Mandarin, she would move to China. (Pero no habla el chino mandarín…)

If I had a bicycle, I'd ride it everywhere. (Pero no tengo bici…)

If I lived in Germany, I'd drink more beer. (Pero no vivo en Alemania...)

If Bob practiced more, he'd be a better golfer. (Pero no practica más...)

Negaciones y preguntas:

Igual que con primer condicional, las negaciones pueden ser negativo por un lado o los dos, dependiendo de lo que queremos expresar.

If I didn't speak English, I wouldn't be a very good English teacher. (Pero sí hablo inglés...)

If she didn't have a boyfriend, I'd ask her out. (Pero sí tiene novio...)

If you weren't Argentinian, you wouldn't eat so much beef. (Pero sí eres argentino...)

Las preguntas son sobre posibles consecuencias de algo hipotético:

Q: Where would he live if he earned more money?

A: He'd live in a nicer neighborhood.

Q: Would you give me a hand if I needed it?

A: Of course I would. Just ask.

Q: What would you do if you won the lottery?

A: I'd buy a house on the beach.

Q: What would you do if you spoke perfect English?

A: If I spoke perfect English, I'd look for a better job.

02 / Segunda Parte

Los anglosajones a veces usan segundo condicional para pedir algo de forma muy indirecta:

Q: *What would you say if I asked you to have dinner with me?*

A: *I guess I'd say yes... is tomorrow good for you?*

El tema de los condicionales es tan grande, en todo caso, que tengo un libro entero sobre ello. Se llama La Guía Definitiva de los Condicionales y te dice todo lo que tienes que saber sobre primer condicional, segundo condicional, tercer condicional, frases con **wish**, y mucho más... todo para hablar de situaciones hipotéticas en inglés.

Ejercicios 7: Primer Condicional y Segundo Condicional

Termina las frases usando la forma correcta del primer condicional.

1. If you _____ (to win) the lottery, what _____ (to buy)?

2. I _____ (to wash) the dishes if you _____ (to clean) the oven.

3. If Jacob _____ (to tell) the truth, will his father _____ (to be) angry?

4. If she _____ (not/to leave) on time, she _____ (to miss) her flight.

5. If we _____ (to bake) cookies, dad _____ (to eat) them all.

6. I _____ (not/to wake up early) if the alarm _____ (not/to ring).

7. If Bobby _____ (to lose) his keys, he _____ (to change) the lock.

8. We _____ (to play) outside if we _____ (to finish) our homework.

9. What _____ (you/to say) if he _____ (to lie)?

10. If it _____ (to rain), they _____ (to go) bowling instead of going to the beach.

02 / Segunda Parte

11. If the sneakers _____ (to cost) a lot of money, I _____ (not/to buy) them.

12. Aunt Victoria _____ (to forget) about the party if you _____ her. (not/to remind)

13. If you _____ (to hide) under the bed, he _____ (not/to find) you.

14. If I _____ (to choose) to go to the wedding, I _____ (to bring) a gift.

15. They _____ (to fall) if they _____ (to run) too fast.

16. What _____ (we/to study) if we _____ (to go) to university?

17. If you _____ (to swim) every day, you _____ (to be) stronger.

18. If George _____ (to save) $50 a month for a year, he _____ (to buy) a new stereo system.

19. Plants _____ (to die) if you _____ (to give) them too much water.

20. If I _____ (to teach) you how to play the guitar, _____ (you/to teach) me how to play the piano?

Termina las frases usando la forma correcta del segundo condicional.

1. If you _____ (to have) a super power, what would it be?

2. If Lola _____ (to study), she'd pass the exam.

Otras Estructuras Esenciales

3. If we _____ (to earn) more money, we _____ (to buy) a car.

4. If my brothers _____ (not/to play) so many video games, they _____ (to be) better at school.

5. _____ (you/to help) me with my homework if I needed it?

6. If Eva _____ (to exercise), she _____ (to lose) weight.

7. Where _____ (we/to travel) if we _____ (to win) the lottery?

8. She _____ (to arrive) on time to work if she _____ (to leave) earlier.

9. If It _____ (to stop) raining, we _____ (to go) to the park.

10. I _____ (to cook) more often if I _____ (to have) a bigger kitchen.

11. If you _____ (to find) a wallet on the metro, _____ (to give) it to the police?

12. His English _____ (to improve) if he _____ (to read) English newspapers.

13. If my boyfriend _____ (to apologize) for his mistake, I _____ (to forgive) him.

14. We could help save the environment if we _____ (to stop) using so much plastic.

15. My mother _____ (to be) very surprised if we _____ (to give) her jewelry for her birthday.

02 / Segunda Parte

16. If I _____ (to lose) my cell phone, I _____ (to buy) a new one.

17. If my cousin _____ (not/to sleep) so much, she _____ (to be) happier.

18. If he _____ (to know) the answer, he _____ (to tell) me.

19. If Leo _____ (to run) a bit faster, he could win the race.

20. I _____ (to help) you if I _____ (to understand) more about computers.

18

Comparativos

El comparativo es una estructura que se usa para comparar dos cosas.

I'm older than you. = Soy mayor que tú.

He's taller than Susan. = Él es más alto que Susan.

My marks are better than yours. = Mis notas son mejores que las tuyas.

El comparativo se forma poniendo un sufijo **-er** a un adjetivo corto, o poniendo **more** delante de un adjetivo largo (de 2 sílabas o más, normalmente). Se usa la preposición **than**, equivalente al español **que**, para unir las dos cosas que estamos comparando.

big - bigger

small - smaller

old - older

young - younger

slow - slower

fast - faster

interesting - more interesting

intelligent - more intelligent

expensive - more expensive

confusing - more confusing

exciting - more exciting

Adjetivos Irregulares

¡Importante! Hay 3 adjetivos comunes que tienen una forma irregular.

good - better

bad - worse

far - further

My house is further from here than yours. = Mi casa es más lejos de aquí que el tuyo.

My marks on the exam were worse than David's. = Mis notas en el examen eran peores que los de David.

Your English is better than mine. = Tu inglés es mejor que el mío.

Más adelante, veremos que estos adjetivos también son irregulares en superlativo.

Comparativos: Afirmación, Negación y Pregunta:

Las reglas para comparativo son iguales que para cualquier frase del verbo **to be**, y las negaciones y preguntas son iguales también. Se hace la negación con **am not**, **isn't** o **aren't** y la pregunta con el verbo **to be** antes del sujeto: **Am I... Are you... Is he...?** Etc.

También podemos usar el pasado simple, futuro simple u otros tiempos verbales.

Otras Estructuras Esenciales

His house is bigger than mine.

His house isn't bigger than mine.

Is his house bigger than mine?

Yes, it is. / No, it isn't

Her car is more expensive than mine.

Her car isn't more expensive than mine.

Is her car more expensive than mine?

Yes, it is. / No, it isn't

The weather will be better tomorrow.

The weather won't be better tomorrow.

Will the weather be better tomorrow?

Yes, it will. / No, it won't.

It was colder yesterday than today.

It wasn't colder yesterday than today.

Was it colder yesterday than today?

Yes, it was. / No, it wasn't.

Los adjetivos de 2 sílabas que terminan en **-y** se cambian a **-ier.** Aquí tienes unos ejemplos importantes con las traducciones del adjetivo base en español en paréntesis.

busy - busier (ocupado)

early - earlier (temprano)

spicy - spicier (picante)

02 / Segunda Parte

easy - easier (fácil)

cloudy - cloudier (nublado)

sunny - sunnier (soleado)

pretty - prettier (bonito)

ugly - uglier (feo)

tasty - tastier (delicioso, sabroso)

tiny - tinier (muy pequeño)

tidy - tidier (ordenado)

messy - messier (desordenado)

noisy - noisier (ruidoso)

scary - scarier (escalofriante)

lucky - luckier (afortunado)

happy - happier (feliz)

Errores Comunes con el comparativo

Un error muy común del comparativo es de usarlo exactamente como en español, o sea, de poner **more** delante de cualquier adjetivo. No lo hagas!

Acuérdate! Adjetivos más cortos se ponen el sufijo **-er**. La palabra more no aparece en la mayoría de las frases comparativas--sólo aparece en las frases con adjetivos largos.

Frases comparativas **sin** more:

Mexican food is spicier than Spanish food. = La comida mexicana es más picante que la comida española.

Otras Estructuras Esenciales

I'm happier now than I was last year. = Soy más feliz ahora que el año pasado.

English is easier than Russian. = El inglés es más fácil que el ruso.

Frases comparativas **con** more:

Your new girlfriend is more beautiful than your old girlfriend. = Tu nueva novia es más hermosa que tu antigua novia.

The book is more interesting than the film. = El libro es más interesante que la película.

Living in London is more expensive than living in Madrid. = Vivir en Londres es meas caro que vivir en Madrid.

02 / Segunda Parte

Ejercicios 8: Comparativo

Termina la frase con la forma comparativa del adjetivo. ¡No te olvidas del verbo to be!

1. I think horror movies _____ (good) than fantasy movies.
2. My cousin's bedroom _____ (messy) than mine.
3. His grandfather _____ (old) than yours.
4. Is the blue sof_a _____ (expensive) than the gray one?
5. Thai food _____ (spicy) than Japanese food.
6. John _____ (happy) than he used to be.
7. Rock music _____ (loud) than jazz.
8. I can run _____ (fast) than Amy.
9. Chemistry _____ (confusing) than math.
10. My sister _____ (young) than you.
11. Will the weather _____ (bad) than yesterday?
12. Ghosts _____ (scary) than zombies.
13. It is _____ (sunny) today than it was yesterday.
14. I have to wake up _____ (early) than my wife.
15. My parents _____ (busy) than I am.
16. I think the green dress _____ (pretty) than the purple one.

Otras Estructuras Esenciales

17. Do you think robots _____ (intelligent) than people?

18. Baseball _____ (exciting) than golf.

19. The cinema _____ (far) from here than the restaurant.

20. Our new car _____ (big) than the old one.

Otras Estructuras Esenciales

19

El Superlativo

El comparativo se usa para comparar dos cosas. El superlativo se usa para comparar una cosa con varias cosas más. Ésta es la gran diferencia.

My house is bigger than your house. = Mi casa es más grande que la tuya.

My house is the biggest house on this street. = Es la casa más grande de esta calle.

En la primera frase, estoy comparando mi casa con la tuya, y utilizo comparativo. En la segunda, estoy comparando mi casa con la categoría más amplia de **houses on this street** – y así utilizo superlativo.

Otro ejemplo...

The days in summer are longer than the days in winter. = Los días del verano son más largos que los días del invierno.

June 21st is the longest day of the year. = El 21 de junio es el día más largo del año.

Primero, comparamos los días de verano con los días del invierno. Al comparar dos cosas, usamos comparativo. Para comparar el 21 de junio con la categoría de **days in the year**, usamos el superlativo. Estamos comparando el 21 de junio con todos los demás días del año – toda la categoría.

02 / Segunda Parte

El superlativo se forma un poco como el comparativo, con adjetivos cortos poniendo el sufijo **-est** y adjetivos largos usando **most.**

Los 3 irregulares para superlativo son los mismos para comparativo:

good - better - the best

bad - worse - the worst

far - further - the furthest

Otra cosa que (casi) siempre aparece con el superlativo es el artículo **the**, que pondré en todos los ejemplos. Fíjate que hay un par de ellos que duplican el consonante final (big - bigger - the biggest, thin - thinner - the thinnest etc) y otros donde la -y cambia a **-ier** y **-iest** como expliqué en el capítulo sobre el comparativo.

Adjective - Comparative - Superlative

big - bigger - the biggest

small - smaller - the smallest

long - longer - the longest

short - shorter - the shortest

young - younger -the youngest

old - older - the oldest

new - newer - the newest

interesting - more interesting - the most interesting

boring - more boring - the most boring

happy - happier - the happiest

Otras Estructuras Esenciales

sad - sadder - the saddest

strange - stranger - the strangest

expensive - more expensive - the most expensive

cheap - cheaper - the cheapest

delicious - more delicious - the most delicious

disgusting - more disgusting - the most disgusting

healthy - healthier - the healthiest

tall - taller - the tallest

intelligent - more intelligent - the most intelligent

stupid - stupider - the stupidest

lazy - lazier - the laziest

fat - fatter - the fattest

thin - thinner - the thinnest

easy - easier - the easiest

difficult - more difficult - the most difficult

beautiful - more beautiful - the most beautiful

ugly - uglier - the ugliest

early - earlier - the earliest

late - later - the latest

clean - cleaner - the cleanest

hard - harder - the hardest

02 / Segunda Parte

soft - softer - the softest

tidy - tidier - the tidiest

messy - messier - the messiest

narrow - narrower - the narrowest

wide - wider - the widest

Ejemplos del superlativo:

New York City is the biggest city in the USA.

That's the most interesting book I've ever read.

Mary's the nicest woman I've ever met.

He's the oldest person in the country. He's 112 years old!

The youngest person in my family is my sister, she's 6 years old.

That's one of the most expensive shops in town.

London has one of the busiest airports in the world.

The healthiest thing is to eat less sugar.

This is the easiest test we've done this year.

That's the longest book he's written.

It was the cheapest hotel I could find.

He's the most entertaining person I know.

It's the coldest day of the year.

The shortest day of the year is in December.

Chemistry was the most difficult subject I took at university.

Otras Estructuras Esenciales

Las negaciones se hacen como cualquier otra frase de **to be**, y también podemos usar el pasado o el futuro como una frase de **to be** cualquiera.

I'm not the youngest in my family, I'm the oldest.

Yesterday wasn't the hottest day of the year, it was the coldest.

Paul won't be the most interesting man at the party, Richard will.

Tomorrow will be the most difficult day of the week for me.

Como otras frases con el verbo to be, ponemos el verbo antes del sujeto para hacer la pregunta:

What is the biggest city in the world?

What is the most expensive shop in town?

When is the longest day of the year?

Which is the rainiest month of the year?

Why is he the most interesting man you know?

02 / Segunda Parte

Ejercicios 9: Superlativo

Termina la frase con la forma correcta del verbo to be y el adjetivo transformado en superlativo.

1. This _____ (expensive) car in the world.
2. David _____ (tall) boy in class.
3. Knitting _____ (difficult) craft to learn.
4. Which _____ (big) country in the world?
5. My father _____ (good) cook in the family.
6. She _____ (not/clean) in the family, I am.
7. Who is your _____ (young) sibling?
8. You _____ (happy) person I know.
9. This _____ (soft) blanket I have ever touched.
10. I _____ (old) girl in my family.
11. Literature _____ (not/easy) class, mathematics is.
12. They _____ (short) kids in the school.
13. What _____ (cheap) table in the store?
14. Yesterday _____ (not/cold) than today. I think it's colder today.
15. He _____ (messy) person I have ever lived with.
16. Her class _____ (boring) in the whole school.
17. This _____ (strange) sound I have ever heard.

Otras Estructuras Esenciales

18. What _____ (delicious) food you have eaten?

19. That house _____ (narrow) building in Amsterdam.

20. This _____ (not/long) book I have read, Harry Potter and the Goblet of Fire is.

20

TEXTO: Comparativo y Superlativo

Aquí tienes un pequeño texto que utiliza comparativos y superlativos, hablando de un viaje a Estados Unidos.

A visit to the USA

Last year, I visited the USA. It was the best holiday I've ever had!

The USA is enormous--one of the biggest countries in the world--so it takes a long time to visit everything. The USA is almost 20 times larger than Spain! Everything is bigger in America: the houses, the cars, the food, even the people.

First, I went to New York, the most cosmopolitan city in the world. It's one of the most expensive cities in the US, but a lot of things are cheaper than back home. New York is bigger than Madrid, but it's smaller than Mexico City.

After visiting New York, I went to Boston. Boston is one of the oldest cities in the USA. The most interesting thing about Boston the historic centre. I also visited Harvard, one of the best universities in the world.

After a few days in Boston, I caught a plane to Chicago, one of the most important financial cities in the USA. Chicago is also one of the biggest cities, with almost 10 million people.

02 / Segunda Parte

There I rented a car, because I wanted to drive along Route 66, the world's most famous highway.

Route 66 was originally the longest highway in the country, connecting Chicago with Los Angeles on the west coast.

That was the most interesting part of the trip. I saw a lot of less famous places. The hottest part was driving through the desert in New Mexico and Arizona, and the most beautiful place I visited was the Grand Canyon, in northern Arizona.

The Grand Canyon isn't the deepest canyon in the world, and it isn't the widest, but it is the most famous.

The views are incredible. From there the drive to Los Angeles was longer than I expected.

After a few days visiting LA I caught a plane back home. All in all, it was the most exciting holiday ever!

Preguntas en comparativo y superlativo:

Q: Was your holiday in the USA the best holiday you've ever had?

A: Yes, it was.

Q: Is the USA bigger than Spain?

A: Yes, it is.

Q: Are the houses bigger in the USA?

A: Yes, they are.

Q: Is New York smaller than Mexico City?

A: Yes, it is.

Q: Is Harvard one of the best universities in the world?

Otras Estructuras Esenciales

A: Yes, it is.

Q: What was the most interesting part of your trip?

A: Driving along Route 66 was the most interesting part.

Q: What was the most beautiful place you visited?

A: The Grand Canyon in Arizona.

Q: Is the Grand Canyon the biggest canyon in the world?

A: No, it isn't, but it is the most famous.

Vocabulary:

rent a car = alquilar un coche

highway = autopista

the deepest = el más profundo

the widest = el más ancho

views = vistas

¡Bien hecho!

Hemos terminado la segunda parte del libro—ahora nos queda la tercera parte, sobre el vocabulario. Antes de seguir, pásate por mi web para apuntarte a mis lecciones gratuitas por correo: madridingles.net/suscribir

03 / Tercera Parte

Vocabulario

Aquí aprenderás vocabulario para hablar de la comida, los viajes, el dinero, la salud... y además unos phrasal verbs que son muy importantes para hablar y también entender a los angloparlantes nativos. ¡Vamos allá!

21

Vocabulario: La Comida

La comida cambia mucho de un país a otro, pero si estás viajando, saberse unas cuantas comidas básicas viene bien.

Algunas veces mis alumnos me preguntan: "Pero ¿cómo se dice boquerones en vinagre en inglés?" La respuesta es que no lo sé y es algo que probablemente estaría prohibido por las leyes de sanidad en EEUU. Si lo buscas en wordreference.com te sale que **boquerón** es "anchovy" así que lo pondría "anchovies cured in vinegar," pero aún así no es algo que el americano medio va a comer.

En todo caso, el vocabulario de la comida más básica es igual de sitio a sitio, luego las maneras de preparar las cosas pueden cambiar.

Algunas palabras que vienen originalmente de otros idiomas son más o menos internacionales y se usan también en inglés: **pasta, baguette, espresso,** etc.

Las comidas las divido en categorías por comodidad:

Meat and Fish

La palabra meat normalmente se refiere a la carne de cualquier animal. No es muy específico.

beef = carne de vaca

pork = carne de cerdo

turkey = pavo

chicken = pollo

fish = pescado

Una nota cultural: en muchos sitios del mundo anglófono, el pescado no es muy importante en la dieta, y con eso, la gente no sabe los nombres de tantos pescados como en España. Algunos que se conocen son:

salmon = salmón

tuna = atún

cod = bacalao

sardines = sardinas

anchovies = anchoas

Dairy (Lácteos)

milk = leche

cheese = queso

cream = crema / nata (se pone en el café, en EEUU por lo menos)

butter = mantequilla

Grains and legumes

bread = pan

rice = arroz

wheat = trigo

Vocabulario

corn = maíz

rye = centeno (se usa para hacer pan en muchos sitios)

lentils = lentejas

beans = judías/frijoles

chick peas = garbanzos

Fruits and Vegetables (Frutas y Verduras)

apples = manzanas

oranges = naranjas

lemons = limones

pears = peras

grapes = uvas

peaches = melocotones

carrots = zanahorias

onions = cebollas

garlic = ajo

lettuce = lechuga

tomatoes = tomates

potatoes = patatas

cabbage = repollo

Otras comidas básicas

flour = harina

sugar = azúcar

eggs = huevos

nuts = nueces y frutos secos

Drinks (Bebidas)

water = agua

beer = cerveza

wine = vino

coffee = café

tea = té

Desserts (Postres)

cake = tarta, bizcocho

pie = empanada dulce (normalmente de fruta)

cheesecake = tarta de queso

ice cream = helado

chocolate = chocolate

vanilla = vainilla

Para pedir algo de comer, conviene usar **would like**. También un **please** queda muy bien. A los angloparlantes nos preocupan realmente estas cuestiones de cortesía.

Vocabulario

I'd like a sandwich, please.

I'd like a cup of coffee, and a glass of water, please.

También se puede usar **I'll have** para pedir algo.

I'll have the chicken, please. = Tomaré el pollo, por favor.

I think I'll have a hamburger. = Creo que tomaré una hamburguesa.

Para ofrecer algo de comer o beber, se puede usar la pregunta **Would you like…?**

Q: Would you like a cup of coffee?

A: Yes, I would. Thank you very much.

Q: Would you like a sandwich?

A: No, thanks. I'll just have a glass of water.

…

Conversaciones

Puede parecer broma o exageración usar tanto la palabra please como se usa aquí, pero te aseguro que no lo es!

Conversation in a café

Waitress: Hello. How may I help you?

Customer: Yes, I'd like a chicken sandwich, please.

Waitress: Of course. Would you like french fries with that?

Customer: Sure.

Waitress: Anything to drink?

03 / Tercera Parte

Customer: Yes, please, I'll have a Coke, please.

Waitress: Okay, that will be $9.50 please.

Customer: Here you are. $10.

Waitress: Thank you. Fifty cents is your change. Your sandwich will be ready in a few minutes.

Conversation in a restaurant

Waiter: Good evening, Sir. Good evening Madam. May I take your order?

Man: Yes please. I'd like the steak and salad, please.

Waiter: And you, Madam? What would you like?

Woman: I'll have the salmon.

Waiter: Excellent. What would you like to drink?

Woman: A glass of white wine, please.

Man: I'll have the red wine, please.

Waiter: Very good.

Later...

Waiter: How was everything?

Man: Very good!

Waiter: Would you like some dessert?

Man: What do you have?

Waiter: We have chocolate cake, apple pie, and vanilla ice cream.

Vocabulario

Man: I'll have the chocolate cake, please.

Woman: And I'll have the ice cream.

Later...

Waiter: Would you like a cup of coffee?

Man: No thanks. Just the bill, please.

22

Vocabulario: Viajes

Mucha gente entra en contacto con el inglés mientras viajan al extranjero. Con un poco de vocabulario específico, uno puede sentirse más cómodo en un país angloparlante, o bien si se encuentra en un sitio donde el inglés es la *lingua franca*.

Así que aquí tienes palabras y frases para hablar del transporte y de los viajes.

Medios de transporte

bus = autobús

coach = autobús que hace trayectos largos (UK)

train = tren

airplane / plane = avión

car = coche

taxi / cab = taxi

boat / ferry = barco

Sitios:

the airport = aeropuerto

the bus station = estación de autobuses

03 / Tercera Parte

the train station = estación de trenes (US)

the railway station = estación de trenes (UK)

a platform = plataforma, andén (en la estación)

the port = el puerto (de mar)

the check-in desk = facturación

the ticket window = taquilla/ventanilla donde se venden billetes/entradas

the tourist information desk = puesto de información para turistas

the baggage claim = recogida de equipajes

a hotel = hotel (en inglés aspiramos la "h" en hotel)

a hostel = hostal

a bed and breakfast = pequeño hostal de ambiente familiar donde se incluye el desayuno

the embassy = la embajada

a museum = un museo

a monument = un monumento

Documentos:

a tourist visa = un visado de turista

a passport = un pasaporte

a bus / train / plane ticket = un billete de avión/autobús/tren

a driving license = un carné de conducir

Vocabulario

Acciones:

catch a plane / train / bus = tomar el avión, etc

lose your passport = perder el pasaporte

visit a museum = visitar un museo

check in for a flight = facturar para un vuelo

check in to a hotel = presentarse a la recepción de hotel

book a room = reservar una habitación

buy a ticket = comprar un billete / entrada

miss your train = perder el tren

rent a car = alquilar un coche

get on the bus = subirse al autobús

get off the bus = bajarse del autobús

Frases útiles:

The plane takes off at 11 o'clock, and lands at 3 o'clock. The flight takes 4 hours. = El avión despega a las 11.00 y aterriza a las 15.00. El vuelo tarda 4 horas.

Excuse me? Where is the check-in desk? = Perdón? Dónde está la facturación?

How can I get to the train station from here? = Cómo llego a la estación de tren desde aquí?

I have lost my passport! = He perdido el pasaporte!

03 / Tercera Parte

Can I buy a ticket to Manchester, please? = Puedo comprar un billete a Manchester, por favor?

How long does it take to get to Frankfurt? = Cuánto se tarda en llegar a Frankfurt?

It takes two hours by train to get to Frankfurt. = Se tardan dos horas en tren para llegar a Frankfurt.

The train bound for Manchester is leaving from platform 5. = El tren con destino Manchester está saliendo del andén 5.

Where can I catch a taxi? = Dónde puedo tomar un taxi?

Where is the bus stop? = Dónde está la parada de autobús?

How much does the ticket cost? = Cuanto cuesta el billete/la entrada?

Where can I buy the ticket? = Dónde puedo comprar el billete/entrada?

Where can I find a hotel? = Dónde puedo encontrar un hotel?

Vocabulario

23

Unos Phrasal Verbs Importantes

Los phrasal verbs son un punto importante de la gramática del inglés. Un phrasal verb es un verbo seguido por una partícula (adverbio o preposición) que cambia el significado "usual" del verbo.

Por ejemplo:

He got a letter in the mail.

He got up at 9 o'clock.

El verbo **get** puede ser muchas cosas, pero en la primera frase es "recibir." El phrasal verb **get up,** en cambio, es "levantarse."

Hay alrededor de 1000 phrasal verbs en el inglés, pero un estudiante no-nativo no tiene que sabérselos todos! Con unas docenas que entiendes bien estarás más que cómodo.

Los phrasal verbs forman los tiempos verbales como otros verbos: el verbo pasa al pasado, al presente continuo, etc. La preposición no cambia, sólo el verbo.

Muchas veces ponemos el complemento entre verbo y preposición. Es un poco largo de explicar, de momento sólo hace falta entender las frases.

put on your hat = ponerse el sombrero

put your hat on = ponerse el sombrero

03 / Tercera Parte

En otros libros hablo mucho más de los phrasal verbs, aquí es sólo una introducción para que vayas entendiendo un poco!

NOTA: Los phrasal verbs pueden tener varios significados. Aquí hay sólo uno o dos significados para cada uno, pero en realidad puede haber más!

wake up = despertarse

The noise in the street woke me up.

Please wake me up at 7 o'clock.

What time did you wake up?

He woke up in the middle of the night because he was having a bad dream.

get up = levantarse

What time do you usually get up?

Yesterday, I got up at 11 o'clock.

Did you get up early this morning?

Katie always gets up at 5 o'clock because she starts work at 7.

put on = ponerse (una prenda de vestir, etc.)

He put on his hat and left.

You should put on your boots. It's raining a lot!

Are you going to put on sun cream before you go to the beach?

He put on his glasses and opened the newspaper.

Vocabulario

take off = quitarse (una prenda de vestir). También despegar (un avión).

Please take off your shoes when you come in the house.

He took off his coat and put it in the closet.

Aren't you going to take off your sunglasses in the disco?

The plane took off at 10:30.

go out = salir (normalmente de fiesta o a un evento social, o en una relación romántica)

He's been going out with his girlfriend for seven years.

They always go out dancing on Saturday nights.

Would you like to go out this weekend?

Did he go out last Friday?

put in = poner dentro de algo (la nevera, una bolsa, el armario, etc)

I just bought some fish. I need to put it in the fridge.

Could you please put your clothes in the closet?

He put his hands in his pockets and walked away.

I'm going to put these books in the box and send them to Pedro.

take out = sacar de algo (la nevara, una bolsa, el armario, etc)

Could you take the meat out of the fridge?

He took $20 out of his wallet and gave it to me.

03 / Tercera Parte

They took the photos out of the box and looked at them.

She took her keys out of her bag.

look after = cuidar

Could you look after my cat while I'm on holiday?

I can't go out tonight, I have to look after my nephew.

Nurses look after patients in a hospital.

He's in the garden looking after his plants.

stand up = ponerse de pie, estar de pie

In some countries, the students stand up when the teacher enters the class.

Please don't stand up until the plane has stopped.

She stood up and walked out of the room.

The actor was standing up on the stage reading his lines.

sit down = sentarse

They sat down on the sofa and turned on the TV.

Please, sit down. Make yourself comfortable.

I'm so tired! All I want to do is just sit down and relax!

He sat down at his desk and turned on the computer.

turn off = apagar (algo eléctrico)

He turned off the computer and left the office.

If you feel warm, just turn off the heater.

Vocabulario

Would you please turn off the light?

Henry turned off the TV and went to bed.

turn on = encender (algo eléctrico)

If you feel cold, just turn on the heater.

He sat down at his desk and turned on the computer.

Will you turn on the light?

When you turn on the TV, please turn off the music.

get on = subirse (al autobús, metro, etc)

When the bus stopped, Jimmy got on.

A young woman got on the train with her boyfriend.

After he got on the bus, he realized he didn't have any money for the ticket.

I ran to the bus stop and got on the bus.

get off = bajarse (del autobús, metro, etc)

At what stop should I get off the train?

If you get off at the central station, you can walk to the hotel.

Laura got off the bus near her office.

The train stopped and everybody got off.

Vocabulario

24

Phrasal Verb Text

Aquí tienes un pequeño texto sobre el día de un tal Paul. Utiliza muchos de los phrasal verbs que hemos visto.

Paul's Day

Paul woke up at 7 o'clock this morning. He turned off his alarm and turned on the light.

Then he got up and put on his clothes. It was a very cold day, so he turned on the heater. He went to the kitchen to make breakfast.

He put the coffee on the stove, and then took some eggs out of the fridge. He fried the eggs, and when the coffee was done, he poured himself a cup. He turned off the stove and sat down to eat his breakfast.

When he finished eating, he stood up and put on his shoes.

He walked out the door and went to the bus stop. After a few minutes, the bus came and he got on. When the bus got to the city center, he got off.

He walked into the building where he worked and waited for the elevator. When the elevator arrived, he got on. He got off at the 7th floor and walked to his desk.

He sat down at his desk and turned on his computer. It was going to be a long day, but it was Friday, so he was happy. He had a plan to go out with his girlfriend after work.

03 / Tercera Parte

He mencionado aquí unos verbos que no son exactamente phrasal verbs también... Los verbos como **walk in** y **walk out** y otros de este tipo usan un verbo de movimiento y una dirección. Significan salir y entrar. Estos verbos normalmente son fáciles de entender:

look up = mirar hacia arriba

look down = mirar hacia abajo

También habrás notado que algunos phrasal verbs tienen algo en medio (entre el verbo y la partícula). Por ejemplo: He took some eggs out of the fridge.

Eso es porque es un phrasal verb separable. Los hay también inseparables. De momento, no te preocupes de estas cosas! Con entenderlos es suficiente!

Hay mucha información más sobre los phrasal verbs en mi página web madridingles.net/phrasal-verbs y también en los libros 27 Phrasal Verbs Que Debes Conocer y La Guía de los Phrasal Verbs que explica 105 de los phrasal verbs más importantes del inglés.

Vocabulario

Ejercicios 10: Phrasal Verbs

Termina la frase con la forma correcta del phrasal verb.

1. The children should _____ (to put on) their coats. It's very cold outside.

2. Could Mario _____ (to look after) your little sister while we go to the movies?

3. _____ (to take off) your hat when you enter the church.

4. I _____ (to get up) late this morning.

5. She is feeling cold. Could you _____ (to turn off) the air conditioner?

6. Would you like _____ (to go out) with me?

7. The baby _____ (to wake up) in the middle of the night.

8. She _____ (to get on) the train in a hurry.

9. You should _____ (to sit down) so that you don't fall.

10. Can you _____ (to turn on) the radio for your grandmother?

03 / Tercera Parte

Termina las frases usando la forma correcta de uno de los siguientes phrasal verbs.

wake up ... turn off ... look after ... go out ... put in ... get up ... take out ... get off ... get on ... put on

1. Make sure you _____ the television before you leave the house.

2. Can you _____ me _____ at 8 o'clock? I want to go to work early.

3. I need someone to _____ my dog when I go to Croatia.

4. What time did you _____ this morning?

5. Paula _____ the meat _____ the fridge as soon as she got home from the supermarket.

6. The chicken needs to defrost. Can you _____ it _____ of the freezer?

7. John and Anna have been _____ for ten years.

8. You can take metro line A and _____ at 51st street to go to the museum.

9. Help your sister _____ her shoes.

10. The bus is about to leave. Hurry up and _____!

25

Un Poco Sobre Las Preposiciones

En el inglés tenemos una abundancia de preposiciones--más de lo que hay en el español.

Normalmente no hay una traducción literal de una preposición entre el inglés y el español. Para dar un ejemplo, los extranjeros en España nos quejamos mucho con el tema de "por y para" (que en inglés son muchas veces **for**, pero la explicación es tan larga que nos confundimos infinitamente). En cambio, la preposición "en" del español se puede traducir como **in** o **on** en inglés, y supongo que a veces podría ser **at** u otra cosa.

La cuestión es que son colocaciones: se suele usar cierta preposición con ciertas palabras, y ya está. Por que sí. Hay ciertas reglas, pero las reglas tienen excepciones importantes--en inglés no hay que confiar tanto en las reglas.

Entonces poco a poco las vamos dominando, pero de todas formas, no hay que preocuparse tanto, normalmente si hay malentendidos entre personas no son por las preposiciones sino por algo más grave.

03 / Tercera Parte

PREPOSICIONES PARA EL ESPACIO

TO = hacia

I'm going to Barcelona this weekend.

She drove to the shopping center.

They walked to school.

IN = dentro

The money is in my bag.

The car is in the garage.

The beer is in the fridge.

IN = ubicación en ciudades o países

She's in Germany this week.

He's got a meeting in Bogotá.

I'm going to spend the holidays in my hometown.

ON = encima, sobre

The book is on the table.

My shoes are on the floor.

I left the documents on your desk.

AT = area general (no se especifica si está dentro o no)

Vocabulario

He's at work.

They met at a party.

She saw him at school yesterday.

PREPOSICIONES PARA EL TIEMPO

ON = días

on Saturday, on Sunday, on Monday

I'll see you at the party on Saturday.

I have to go to work on Monday.

She's coming to visit on Wednesday.

ON = fechas

I have a dentist's appointment on 1 June. (se dice "the first of June" o bien "June first")

She's going on holiday on 3 August. (se dice "the third of August" o bien "August third")

What are you doing on the 21st? (se dice "the twenty-first")

IN = momentos del día

in the morning, in the afternoon, in the evening

I have to catch a plane in the morning.

I always feel sleepy in the afternoon.

She goes to English class in the evening.

03 / Tercera Parte

AT the weekend, **AT** night

Por qué decimos in the morning, in the afternoon, in the evening, y at night? No lo sé yo y supongo que no lo sabe nadie!

What are you doing at the weekend?

He works at night, so he sleeps most of the day.

It's almost 12 o'clock at night.

AT = horas

I finish work at 7:30.

Do you want to have dinner at 8 o'clock?

The plane leaves at 10:15.

IN = meses

in October, in November, in December

Pedro was born in November.

Halloween is in October.

We're going on holiday in March.

IN = años

in 1982, in 1999, in 2016

The Olympics will be held in Brazil in 2016.

Her husband was born in 1978.

They met at university in 1999.

Hay muchos casos más para las preposiciones, pero basta con eso de momento. ¡Tenemos cosas más importantes que hacer!

26

Vocabulario: El Dinero

El dinero es algo que nos preocupa bastante en los países de habla inglesa. Lo hablamos con cierta frecuencia y nos gusta saber que estamos ganando más que otros. Aquí tienes un poco de vocabulario para ayudarte!

money = el dinero

cash machine / ATM = cajero automático

a dollar = un dólar

a euro = un euro

a pound = una libra

a 20 dollar bill = un billete de 20 dólares

a 20 pound / euro note = un billete de 20 libras / euros

a coin = una moneda (la moneda física)

a 20 cent coin = una moneda de 20 céntimos

a penny = la moneda de un céntimo

the currency = la divisa (dólar, euro, real, etc)

the cashier = el cajero (persona que trabaja en una tienda o un banco) *a credit card* = tarjéta de crédito

a debit card = tarjeta de débito

the exchange rate = el tipo de cambio

to change money = cambiar dinero

withdraw / take out some money = sacar dinero del banco

deposit money = ingresar dinero en el banco.

pay a bill = pagar una factura / recibo

pay the rent = pagar el alquiler

mortgage = hipoteca

to cost = costar

to earn = ganar (un sueldo). Ganar la lotería o un partido es win.

sales = rebajas

to be on sale = estar en rebajas

to own something = tener algo en propiedad

to be worth something = valer algo

Cómo hablar de los precios:

Un precio en dólares se dice así:

$29.99 = *twenty-nine dollars and ninety-nine cents* (o simplemente, *twenty-nine ninety-nine*)

$15.62 = *fifteen dollars and sixty-two cents* (*fifteen sixty-two*)

Vocabulario

En libras, los céntimos se llaman "p" (pronunciado como la letra en inglés, "pí")

50p = *fifty p*

£7.40 = *seven pounds, forty p* (o bien *seven pounds forty*)

£99.10 = *ninety-nine pounds, ten p* (o bien *ninety-nine pounds ten*)

Un precio grande puede decirse de dos maneras también:

$4400 = *four thousand four hundred dollars* (o bien *forty-four hundred dollars*)

£6500 = *six thousand five hundred pounds* (o bien *sixty-five hundred pounds*)

Lo de decir sixty-five hundred pounds es, según entiendo, menos común en el inglés británico, pero sixty-five hundred dollars es muy común en el americano.

Frases útiles:

How much does this cost? (singular) = ¿Cuánto cuesta esto?

How much do these cost? (plural) = ¿Cuánto cuestan estos?

How much do these shoes cost? = ¿Cuánto cuestan estos zapatos?

How much does this jacket cost? = ¿Cuánto cuesta esta chaqueta?

Se puede decir también un simple "How much?" y se entiende que quieres saber el precio de algo, pero queda mucho mejor hablar en frases completas.

I went to the bank to take out 200 dollars. = Me fui al banco para sacar 200 dólares.

She paid the rent yesterday. = Ella pagó el alquiler ayer.

03 / Tercera Parte

We should ask about the exchange rate before we change our money. = Deberíamos preguntar por el tipo de cambio antes de cambiar nuestro dinero.

I have to pay my mortgage for 10 more years. = Tengo que pagar mi hipoteca durante los próximos 10 años.

I need to call the bank because I've lost my debit card. = Necesito llamar al banco porque he perdido mi tarjeta de débito.

Excuse me! Is there a cash machine near here? = Perdona, hay un cajero automático cerca de aquí?

The shoes cost 70 euros, and the shirt costs 40 euros. = Los zapatos cuestan 70 euros, y la camisa cuesta 40 euros.

He earns about two thousand dollars a month. = Él gana más o menos dos mil euros al mes.

Vocabulario

27

Conversaciones: El Dinero

Aquí tienes unas conversaciones sobre el dinero, utilizando el vocabulario que hemos visto.

Conversation among friends...

A: Do you like my new boots? I just bought them.

B: Yes, I do. How much did they cost?

A: I got them on sale. They only cost 50 euros.

B: Nice! I got a jacket at the sales, too. It cost 70 euros.

Conversation among friends...

A: How much do you pay for rent?

B: I pay 600 dollars a month. And you? How much do you pay?

A: I pay 500 dollars a month.

B: You're lucky. My house is very expensive.

Conversation at the office...

A: Do you rent your house, or do you own it?

B: I'm renting a house now, but I'd like to buy one soon.

A: I bought my house 5 years ago. The mortgage is kind of expensive.

B: Is it worth it?

A: I think so. I like knowing that I own my house.

B: My rent is expensive, too. That's why I'd like to buy a house.

Conversation in a bank...

A: Good morning, sir. How may I help you?

B: Good morning. I'd like to deposit this money in my savings account.

A: Alright. How much is there?

B: It's 300 pounds.

A: Could I see your ID please?

B: Of course.

A: Here you go. Your balance has been updated. Here's your receipt. Have a nice day.

B: Thank you.

28

Vocabulario: La Salud

Si estás de viaje al extranjero, lo último que te apetece es llegar a tener un problema de salud. Pero si pasa, es mucho mejor poder ir a un médico y decir algo al respeto. Así te doy aquí algo de vocabulario sobre el cuerpo y la salud.

Parts of the Body

head = cabeza

face = cara

arm = brazo

leg = pierna

shoulder = hombro

elbow = codo

knee = rodilla

ankle = tobillo

hand = mano

finger = dedo

foot = píe (plural = *feet*)

stomach = estómago (o en general la region del *abdomen*)

03 / Tercera Parte

back = espalda

ear = oreja

eye = ojo

neck = cuello

throat = garganta

Health Problems

health = la salud

healthy = sano, saludable

a cold = un resfriado

a flu = un gripe

to ache = doler (pronunciación /eik/)

to hurt = doler (sinónimo de ache, más o menos)

a stomachache = un dolor de tripa

a backache = un dolor de espalda

a headache = un dolor de cabeza

toothache = dolor de muelas

to feel good / bad / terrible / awful = sentirse bien / mal / terrible

to be sick = sentirse enfermo (en inglés británico es vomitar)

vomit = vomitar

to cough = toser (pronunciación /kof/)

to be sore = doler (usualmente los músculos o la garganta)

Vocabulario

food poisoning = intoxicación (poison es literalmente veneno, pero *food poisoning* normalmente no tiene nada que ver!)

Types of Medicine

painkillers = analgésicos (literalmente mata dolores)

cough syrup = un jarabe para la tos

cream = una crema (para la piel)

drops = gotas

medicine = medicina (en general)

antibiotics = antibióticos

pills = pastillas

tablets = pastillas / comprimidos

Places

the pharmacy (USA) / the chemist's (UK) = la farmacia

the drugstore (USA) = la farmacia

the hospital = el hospital

a health center = un centro de salud

a clinic = una clínica

the ER (Emergency Room) = urgencias

Useful Sentences

I don't feel well. = No me siento bien

03 / Tercera Parte

I feel sick. = Me siento mal / enfermo

I have a headache / stomachache / backache / toothache. = Tengo dolor de cabeza / tripa / espalda / muelas.

I think my arm / leg / finger is broken. = Creo que está roto mi brazo / pierna / dedo.

Para usar el verbo **hurt**, ponemos la parte del cuerpo como sujeto. Fíjate en la conjugación (con -s para singular o sin -s para plural) pero no te preocupes mucho, si estás en el médico la gramática no importa tanto!

My legs hurt. = Me duelen las piernas

My knees hurt. = Me duelen las rodillas.

My head hurts. = Me duele la cabeza.

My right shoulder hurts. = Me duele el hombro derecho.

My throat hurts. = Me duele la garganta.

I have a sore throat. = Me duele la garganta

Does your head hurt? = Te duele la cabeza?

Does it hurt here? = Te duele aquí?

Do you have insurance? = Estás asegurado?

Has this happened to you before? = Eso te ha pasado antes?

When did it start to hurt? = Cuando empezó a doler?

Vocabulario

29

Conversaciones: La Salud

Aquí tienes unas conversaciones sobre la salud en inglés.

In a pharmacy...

Pharmacist: What seems to be the problem?

Customer: My throat hurts very badly, and I'm coughing a lot.

Pharmacist: When did it start?

Customer: I started to feel bad last night.

Pharmacist: Okay, I can give you some cough syrup. Take it every four to six hours.

Customer: Thank you.

Pharmacist: If you don't feel better in 3 days, go to the doctor.

Customer: Okay, I will.

At the doctor...

Doctor: What happened?

Patient: I fell down in the street and now my ankle really hurts.

Doctor: Can you move it?

Patient: A little bit.

03 / Tercera Parte

Doctor: Does it hurt when I touch you there?

Patient: Yes, it does.

Doctor: Well, it looks like you've twisted your ankle. It's not broken, but you should relax for a few days.

Patient: Okay.

Doctor: I'll give you some painkillers, and just be sure not to walk on it too much.

In a pharmacy...

Pharmacist: Good afternoon, how may I help you?

Customer: I was at the lake yesterday and I was bitten by about a thousand mosquitoes. Do you have a cream for mosquito bites?

Pharmacist: Yes, of course. Here you are. Put a little bit of cream on the bites twice a day. You'll be fine by Thursday!

Customer: How much is it?

Pharmacist: $5.99.

Customer: Here you are. Thanks a lot.

At the doctor...

Doctor: Well, what's wrong?

Patient: I feel terrible. I've been going to the bathroom every half hour. And I've been vomiting, too.

Doctor: Did you eat something unusual yesterday?

Patient: Yes, I did. I ate some shellfish.

Vocabulario

Doctor: Alright. It's probably food poisoning, then.

Patient: What should I do?

Doctor: I'll give you some medicine to stop the vomiting, and just make sure to drink water.

Patient: Thank you, doctor.

Doctor: You should be okay in a couple of days.

30

Cómo aprender más vocabulario

Cómo dije al principio, llevo una década enseñando el inglés en Madrid. En este tiempo he tenido contacto con muchos estudiantes y he visto que casi todos tienen más o menos las mismas dificultades.

Muchos me preguntan cómo aprender más vocabulario, y siempre les digo los mismo. Algunos escuchan! Y acaban aprendiendo mucho más vocabulario que la media.

¿Estás preparado para el gran secreto?

Es sencillo: Leer.

Leyendo en inglés aprenderás miles de palabras que probablemente no van a surgir en una conversación. Al final las conversaciones que tiene la gente la mayoría del tiempo son poco trascendentales y no utilizan un vocabulario muy amplio. Una persona media no utiliza mucho más de 2000 palabras en su conversación cotidiana. Pero un estudiante del inglés para llamarse bilingüe debería saber algo más, en el rango de 3000 a 5000. Y eso se consigue leyendo.

Mi técnica para leer es lo siguiente:

1. Elige algo que puedes leer con el nivel que tengas. Si has llegado hasta aquí, probablemente tienes un nivel A2, o sea, un Pre Intermedio. Muchas librerías tendrán lecturas graduadas por

nivel y puedes practicar leyendo cosas así, que normalmente son adaptaciones de novelas o historias más o menos famosas.

2. Lee sin preocuparte mucho del vocabulario. Si hay una palabra clave que no entiendes, míralo en el diccionario. Si es algo que se repite a lo largo del texto, probablemente podrás adivinar qué significa sin diccionario. Estar leyendo con el diccionario en una mano y el libro en la otra cansa mucho y puede desanimarte... Así que intenta evitarlo. (En todo caso, el kindle y muchos tablets tienen un diccionario integrado que lo hace más sencillo buscar las palabras. Para mi es lo mejor de estos aparatos porque te simplifica mucho el proceso!)

3. Lee cosas a tu nivel hasta que se vuelve mucho más rápido y fácil. Probablemente nunca será como leer en tu lengua nativa, pero puedes conseguirlo con el tiempo.

4. Cuando las cosas que estás leyendo se vuelven fáciles, lee algo más difícil.

5. Repite el proceso hasta que estés leyendo novelas en su versión original. Unos buenos novelistas americanos son gente como Paul Auster, T.C. Boyle, y Ernest Hemingway. Pero siempre, siempre, siempre lee algo que te gusta. Con cierto nivel también puedes empezar a leer las noticias en internet o los blogs o revistas sobre cosas que te gusten. Si es relevante para tu vida, mucho mejor.

Siempre me vienen personas que dicen algo así como "llevo años estudiando el inglés y todavía necesito aprender mucho vocabulario."

A ellos y a ti, amable lector, siempre digo lo mismo: "Lee 12 novelas en inglés y luego hablamos del vocabulario."

Algunos dicen, "Ah, claro." Y lo hacen. Y acaban aprendiendo miles de palabras nuevas y teniendo un nivel y un vocabulario muy respetables.

Vocabulario

Otros dicen, "Pero yo no tengo tiempo para eso!" y pasan más años sin aprender el vocabulario.

Sé de los que sí lo hacen! El día tiene 24 horas para todos, la única diferencia es que unos aprovechan el tiempo para acercarse más a sus propósitos y otros pasan todo su tiempo libre haciendo cosas que no les lleva a ningún sitio.

Personalmente, puedo decir que funciona este sencillo método porque lo he hecho yo! He aprendido mucho español leyendo libros. Tengo un estante en casa lleno de libros en español que he leído, tanto novelas como libros de psicología y historia--todas cosas que me interesan. Y ahora tengo un nivel suficientemente alto para escribir mis libros en español.

Ahora estoy haciendo lo mismo con el italiano y sigue funcionando, aunque ya no soy tan joven como era.

Además he visto como funciona con otras personas. Hay una clara diferencia entre mis estudiantes que se esfuerzan para leer en inglés y los que no lo hacen. Y leer estas novelas marca un antes y un después en el camino de tu aprendizaje.

Una nota final: leer y hablar son habilidades distintas. Puedes leer mucho pero si no practicas también el inglés en conversación, te va a ser más difícil expresarte. Hay mucha gente que puede leer perfectamente en inglés pero no entienden el inglés hablado, ni construyen una frase decente ni para salvarse la vida!

Leer mucho no significa que no hace falta hablar también...

Vocabulario

Respuestas a los ejercicios

1. Will / Going to
1. **Are you going to** play basketball today?
2. I hope that Phil **will come** to the party.
3. Mom said that she **is going to cook** pasta tonight.
4. Do you think **it will rain** tomorrow?
5. This history exam **is going to be** on Friday.

1. My birthday is next week. I'm **going to be** 30 years old.
2. We **are going to see** the new Iron Man movie tonight.
3. David and Maria are traveling this summer. They **are going to** Italy and Germany.
4. Anna isn't feeling well. She is **going to stay** home tonight to rest.
5. There is a new company opening next year. Maybe there **will be** more jobs.
6. Do you think John and Lola **will buy** a new house?
7. We **are going to eat** pizza tonight.
8. Yes, the package **is going to arrive** early tomorrow morning.
9. What are your plans for the weekend? I **am going to play** tennis with Steve.
10. **I will give** Michele her present when I see her next week.
11. Be careful. You **are going to hurt** yourself.
12. If we don't leave now, we **will miss** the train.
13. He doesn't think he **will finish** his homework today.
14. Who do you think **will win** the tournament?
15. They **are going** to a jazz concern on Friday.

2. Present Perfect/Past Simple
1. **Have you read** the new book by Stephen King yet?
2. Miguel **bought** a new bicycle yesterday.
3. We **wanted** to see a horror movie, but the tickets were sold out.
4. How many times **has she gone** to Mexico?

03 / Tercera Parte

5. They **paid** a lot of money for the new car.
6. What time **did he leave** for the train this morning?
7. My mother **studied** medicine during university.
8. How long **has Steve worked** at this company?
9. I **called** Monica ten minutes ago.
10. She **hasn't visited** her grandmother yet.

1. Q: **Have you ever visited** a country in Southeast Asia?
   A: No, I **haven't**.
2. Q: What **was** your favorite movie when you were young?
   A: My favorite movie was Toy Story.
3. Q: **Have they** dinner yet?
   A: No, they **haven't**.
4. Q: Where **did you go** for your dad's birthday?
   A: We **went** to a Japanese restaurant.
5. Q: **Did he** tell you what happened last night?
   A: No, he **didn't**. What happened?
6. Q: **Has she found** her purse yet?
   A: Yes, she **found** it in the kitchen two days ago.
7. Q: Why **did he miss** his plane this morning?
   A: He **wasn't able to find** his passport.
8. Q: When **did we graduate** from university?
   A: We **graduated** in 2008.
9. Q: **Has she baked** all of the cookies already?
   A: No, she **hasn't**.
10. Q: How many tournaments **have the won** so far?
    A: They **have won** six.

3. Past Simple / Past Continuous
1. Where **were you** at ten o'clock last night?
2. I **was watching** television, when Jacob **called**.
3. They **went** to the cinema last weekend.

Vocabulario

4. What **was he doing** when the phone rang?
5. When Alicia **woke up** this morning, her grandmother was cooking breakfast.
6. He **broke** his leg when he **went** skiing.
7. I **was speaking** when the students **interrupted** me.
8. My father **was washing** the dishes while I **was playing** on the computer.
9. We **explained** the problem many times, but she **didn't understand**.
10. I **wasn't angry** with you yesterday.
11. My sister **didn't finish** her homework until this morning.
12. She **spilled** her coffee while she **was driving**.
13. The thieves **were** in the basement when the police **arrived**.
14. I **planned** a surprise birthday party for my sister, then I invited all of her friends.
15. He **exercised** at the fitness center in the university.
16. Mario always **left** dirty clothes on the floor.
17. They **lived** in New York from 2008-2010.
18. She **went** to the doctor last week because her stomach was hurting.
19. I **drank** two glasses of wine with dinner.
20. When **did you finish** your project?
21. I **was watering** the plants, when I **heard** a loud noise.
22. What **did you study** when you were in university?
23. Danny **paid** the electricity bill already.
24. She **wrote** an essay about the Spanish Civil War.
25. They **were driving** across the Brooklyn Bridge when the accident happened.

4. Verb Patterns
    1. He **hates eating** in restaurants alone.
    2. My father **loves baking** cookies.
    3. When I was younger I **liked writing** poetry.
    4. Does your sister **like going** to concerts?

03 / Tercera Parte

5. My grandfather **didn't like working** on the farm when he was a child.
6. Mark and Susan **enjoyed shopping** every day when they lived in New York.
7. On the weekends I **love cooking** and **exercising.**
8. My brother **hates spending** a lot of money.
9. She **doesn't like waking up** late.
10. Do they **love playing** video games as much as you do?

1. **I would like to buy** this bicycle but it is too expensive.
2. Where **do you hope to be** in five years?
3. **Do you want to get married** in the future?
4. She was late to work because she **needed to bring** her son to the doctor.
5. **We hope to buy** a house with at least three bedrooms.
6. **We would like to leave** early so we can eat dinner right away.
7. How **do they hope to win** the competition this year?
8. I'm not sure, but they **need to practice** every day in order to prepare well.
9. Bosco **wanted to bring pizza** to the party, but the pizzeria was closed.
10. Do you think we will win the lottery? **I hope so.**

5. Like / Would Like
1. Q: **Would you like** to the movies with me?
   A: Yes. Let's go tomorrow.
2. Q: Would the children like to go to the beach this weekend?
   A: No, **they wouldn't.** There is a school dance this weekend.
3. Q: **Does he like teaching** children or adults?
   A: I think he prefers to teach adults.
4. Q: **Do you like** the red dress Anna bought me?
   A: Yes, I like it very much.

Vocabulario

  5. Q: **Would they like to eat** sushi tonight or pasta?
     A: Mom says they would like to eat pasta.
  6. Q: Where **would you like to travel** this summer?
     A: I hope to travel to Vietnam.
  7. Q: Would James like to see a rock concert?
     A: No, **he wouldn't**.
  8. Q: **Does she like singing** pop music?
     A: No, she told me she likes singing jazz music.
  9. Q: Would you like to do an art class this year?
     A: Yes, **I would**.
  10. Q: **Do you like traveling** by plane?
     A: No, I like traveling by bus.

6. Should / Have to / Has to

  1. The shipment **should arrive** by eleven o'clock tomorrow morning.
  2. Danny **has to finish** his homework before he can go to his friend's house.
  3. I **have to work** extra hours if I want to save money for the wedding.
  4. Do you think Samantha **should tell** her boyfriend the truth?
  5. I'm going to be late. I **have to help** my sister cook lunch.
  6. John and Bobby **have to run** for the train if they hope to make it on time.
  7. She **has to study** every day this week to pass the exam.
  8. **Do you have to work** this weekend? It's a holiday.
  9. What **should I buy** my cousin for his birthday?
  10. They **have to get up** early every morning to take the dog for a walk.

  1. Mother thinks we **shouldn't sell** the house until next year.
  2. The children **don't need to wear** school uniforms this year.
  3. You **don't need to bring** any food. We have plenty here.
  4. They **shouldn't build** a new hospital. The current hospital is still in good condition.

03 / Tercera Parte

    5. Norbert is very angry. You **shouldn't call** him right now.
    6. The food isn't very good. It **shouldn't cost** this much money.
    7. We **shouldn't feed** dogs peanut butter. It's very unhealthy for them.
    8. I **don't have to go** to work until this afternoon.
    9. The professor said we **don't have to memorize** all of the dates for the history exam.
    10. You **shouldn't lie** to your parents. They will find out the truth.

7. Primer y segundo condicional

    1. If you **win** the lottery, what **will you buy**?
    2. I **will wash** the dishes if you **clean** the oven.
    3. If Jacob **tells** the truth, will his father **be** angry?
    4. If she **doesn't leave** on time, she **will miss** her flight.
    5. If we **bake** cookies, dad **will eat** them all.
    6. I **won't wake up** if the alarm **doesn't ring**.
    7. If Bobby **loses** his keys, he **will change** the lock.
    8. We **will play** outside if we **finish** our homework.
    9. What **will you say** if he **lies**?
    10. If it **rains,** they **will go** bowling instead of going to the beach.
    11. If the sneakers **cost** a lot of money, I **won't buy** them.
    12. Aunt Victoria **will forget** about the party if you **don't remind** her.
    13. If you **hide** under the bed, he **won't find** you.
    14. If I **choose** to go to the wedding, **I will bring** a gift.
    15. They **will fall** if they **run** too fast.
    16. What **will we study** if we **go** to university?
    17. If you **swim** every day, you **will be** stronger.
    18. If George **saves** $50 a month for a year, he **will buy** a new stereo system.
    19. Plants **will die** if you **give** them too much water.
    20. If I **teach** you how to play the guitar, **will you teach** me how to play the piano?

Vocabulario

Segundo condicional
1. If you **had** a super power, what would it be?
2. If Lola **studied**, she'd pass the exam.
3. If we **earned** more money, we **would buy** a car.
4. If my brothers **didn't play** so many video games, they would better at school.
5. **Would you help** me with my homework if I needed it?
6. If Eva **exercised** she **would lose** weight.
7. Where **would we travel** if we **won** the lottery?
8. She **would arrive** on time to work if she **left** earlier.
9. If It **stopped raining**, we **would** to the park.
10. I **would cook** more often if I **had** a bigger kitchen.
11. If you **found** a wallet on the metro, **would you give** it to the police?
12. His English **would improve** if he **read** English newspapers.
13. If my boyfriend **apologized** for his mistake, I **would forgive** him.
14. We could help save the environment if we **stopped** using so much plastic.
15. My mother **would be** very surprised if we **gave** her jewelry for her birthday.
16. If I **lost** my cell phone, I **bought** a new one.
17. If my cousin **didn't sleep** so much, she **would be** happier.
18. If he **knew** the answer, he **would tell** me.
19. If Leo **ran** a bit faster, he could win the race.
20. I **would help** you if I **understood** more about computers.

8. Comparativo
1. I think horror movies **are better** than fantasy movies.
2. My cousin's bedroom **is messie**r than mine.
3. His grandfather **is older** than yours.
4. Is the blue sofa **more expensive** than the gray one?
5. Thai food **is spicier** than Japanese food.
6. John **is happier** than he used to be.

03 / Tercera Parte

7. Rock music **is louder** than jazz.
8. I can run **faster** than Amy.
9. Chemistry **is more confusing** than math.
10. My sister **is younger** than you.
11. Will the weather **be worse** than yesterday?
12. Ghosts **are scarier** than zombies.
13. It is **sunnier** today than it was yesterday.
14. I have to wake up **earlier** than my wife.
15. My parents **are busier** than I am.
16. I think the green dress **is prettier** than the purple one.
17. Do you think robots **are more intelligent** than people?
18. Baseball **is more exciting** than golf.
19. The cinema **is further** from here than the restaurant.
20. Our new car **is bigger** than the old one.

9. Superlativo

1. This **is the most expensive** car in the world.
2. David **is the tallest** boy in class.
3. Knitting **is the most difficult** craft to learn.
4. Which **is the biggest country** in the world?
5. My father **is the best cook** in the family.
6. She **isn't the cleanest** in the family, I am.
7. Who is your **youngest** sibling?
8. You **are the happiest** person I know.
9. This **is the softest** blanket I have ever touched.
10. I **am the oldest** girl in my family.
11. Literature **isn't the easiest** class, mathematics is.
12. They **are the shortest** kids in the school.
13. What **is the cheapest** table in the store?
14. Yesterday **isn't colder** than today. I think it's colder today.
15. He **is the messiest** person I have ever lived with.

Vocabulario

16. Her class **is the most boring** in the whole school.
17. This **is the strangest** sound I have ever heard.
18. What **is the most deliciou**s food you have eaten?
19. That house **is the narrowest** building in Amsterdam.
20. This **isn't the longest** book I have read, Harry Potter and the Goblet of Fire is.

10. Phrasal Verbs
1. The children should **put on** their coats. It's very cold outside.
2. Could Mario **look after** your little sister while we go to the movies?
3. **Take off** your hat when you enter the church.
4. **I got up** late this morning.
5. She is feeling cold. Could you **turn off** the air conditioner?
6. Would you like **to go out** with me?
7. The baby **woke up** in the middle of the night.
8. She **got on** the train in a hurry.
9. You should **sit down** so that you don't fall.
10. Can you **turn on** the radio for your grandmother?

1. Make sure you **turn off** the television before you leave the house.
2. Can you **wake** me **up** at 8 o'clock? I want to go to work early.
3. I need someone to **look after** my dog when I go to Croatia.
4. What time did you **get up** this morning?
5. Paula **put** the meat **in** the fridge as soon as she got home.
6. The chicken needs to defrost. Can you **take it out** of the freezer?
7. John and Anna have been **going out** for ten years.
8. You can take metro line A and **get off** at 51st street to go to the museum.
9. Help your sister **put on** her shoes.
10. The bus is about to leave. Hurry up and **get on**!

Appendix 1:

Lista de los Verbos Irregulares

Aquí divido a los verbos irregulares en categorías según como se conjugan. Cómo ves, hay algunas pautas que se repiten para muchos verbos. Es más fácil recordarse de ellos de esta manera. Las traducciones siempre son aproximadas, y tenemos que tener en cuenta que un verbo puede tener varios significados y que no se traduce literalmente al español en la mayoría de los casos.

Otra cosa que deberías saber: Puedes encontrar listas por ahí con hasta 200 verbos irregulares o más. No las tomes en serio! A partir de los cien verbos irregulares más comunes, estarás hablando un inglés antiguo y ridículo. Estas listas incluyen muchos verbos que una persona nativa apenas reconoce y nunca utilizaría.

Por cierto, si prefieres una versión más fácil de imprimir, pásate por aprendemasingles.com/pdfs – ahí tengo muchas listas de vocabulario y más en formato PDF.

Entonces, la lista:

Infinitivo, Pasado Simple, Participio Pasado

be, was/were, been (ser/estar)

go, went, gone (ir)

can, could, been able (poder)

*****

put, put, put (poner)

set, set, set (colocar)

cost, cost, cost (costar)

shut, shut, shut (cerrar)

cut, cut, cut (cortar)

hit, hit, hit (golpear)

hurt, hurt, hurt (lesionar, herir, dañar)

let, let, let (dejar, permitir)

read, read, read (leer... aquí lo que cambia es la pronunciación)

*****

become became, become (volverse, convertirse en)

come, came, come (venir)

*****

drive, drove, driven (manejar, conducir)

fall, fell, fallen (caer)

write, wrote, written (escribir)

eat, ate, eaten (comer)

break, broke, broken (romper)

take, took, taken (tomar, llevar)

bite, bit, bitten (morder)

ride, rode, ridden (montar)

forget, forgot, forgotten (olvidarse)

freeze, froze, frozen (congelar)

get, got, gotten (recibir, conseguir, llegar)

hide, hid, hidden (esconder)

give, gave, given (dar)

choose, chose, chosen (elegir)

*****

grow, grew, grown (crecer, cultivar)

wake, woke, woken (despertar)

speak, spoke, spoken (hablar)

know, knew, known (saber, conocer)

fly, flew, flown (volar)

throw, threw, thrown (lanzar, tirar, arrojar)

see, saw, seen (ver)

*****

make, made, made (hacer)

find, found, found (encontrar)

sell, sold, sold (vender)

tell, told, told (decir, contar)

have, had, had (tener)

pay, paid, paid (pagar)

*****

begin, began, begun (empezar, comenzar)

sink, sank, sunk (hundir)

drink, drank, drunk (beber)

sing, sang, sung (cantar)

ring, rang, rung (sonar)

swim, swam, swum (nadar)

*****

feel, felt, felt (sentir)

build, built, built (construir)

keep, kept, kept (guardar, mantener)

leave, left, left (dejar, abandonar, irse)

lose, lost, lost (perder)

meet, met, met (conocer una persona, encontrarse)

spend, spent, spent (gastar)

win, won, won (ganar una competición)

sit, sat, sat (sentarse)

*****

think, thought, thought (pensar)

buy, bought, bought (comprar)

fight, fought, fought (pelear, luchar)

teach, taught, taught (enseñar)

catch, caught, caught (coger, agarrar, tomar)

Appendix 2:

Otros Recursos

Para practicar el listening hay muchas cosas en internet.

Yo recomiendo los podcast de la BBC, entre ellos 6 Minute English, donde puedes escuchar breves conversaciones en inglés además de bajar los textos en pdf para leer mientras escuchas. www.bbc.co.uk/worldservice/learningenglish/general/sixminute/

También hay muchos profesores en YouTube, una que puedo recomendar para practicar el inglés británico es mi amiga Lucy ahí en Reino Unido: youtube.com/englishwithlucy

Y por supuesto, mi canal en YouTube, donde hoy en día tengo cientos de videos sobre la pronunciación, la gramática, el vocabulario, expresiones coloquiales y más. Me puedes encontrar en youtube.com/danielwelsch – y normalmente estoy enfocado más al inglés americano.

Mi libro *6 Claves Para Aprender Inglés* describe lo que tienes que hacer para llegar a la fluidez con tu inglés. Ha pasado un año entero entre los libros más vendidos para el aprendizaje del inglés y ha ayudado a miles de personas a llegar a donde quieren con el inglés…

Aquí tienes unas de las reseñas que el libro ha recibido hasta el momento:

Bueno, este libro te entrega las claves necesarias para poder entender la verdadera manera de como se aprende un idioma, Daniel Welsch expone con toda su experiencia en la vida las mejores pautas para ayudar a las personas a solucionar un problema de comunicación y entendimiento del idioma Inglés, Gracias Daniel.

Saludos.

-- Robert

Excellent book for learning English, especially for Latin American people. It has many interesting topics and realistic ways to practice the English language.

--Oscar

Is a really good book!! Very useful and easy to read!! You'll find many examples there!! Es un libro muy bueno para aprender inglés, muy útil y fácil de leer!! Además, podrás encontrar muchos ejemplos en él!!

-- Elena

En realidad estas si son claves para aprender inglés, conforman un procedimiento práctico en lo cual uno debe centrarse y concentrarse para el aprendizaje de un idioma; es cierto que la Escuela y los Libros de Texto son una ayuda sobretodo para quien es principiante, pero las claves son sencillas, claras y objetivas se requiere ponerlas en práctica, lo cual demanda disciplina y constancia.

-- Alonso

He leído el libro y como todo buen perfume va en frasco pequeño, es una guía muy interesante para saber por donde empezar a estudiar inglés.

-- Beginner

Este libro es un sencillo resumen de lo más útil de saber a la hora de estudiar el inglés. Describe los pasos que cada alumno debe tomar para mejorar su nivel, tanto principiante como intermedio, y en la sección de preguntas frecuentes el autor ha seleccionado y contestado las dudas que más me preguntan mis propios alumnos, así que ya les mandaré a leerlo aquí!

-- K. Allen

Búscalo en cualquier sitio donde se venden libros electrónicos...

Muchas gracias por leer y ¡hasta la próxima!

Daniel.

Acerca del Autor

Soy Daniel Welsch. Me mudé a España cuando tenía 21 años y llevo más de una década enseñando el inglés a la gente de Madrid. He publicado varios libros top ventas en el campo de la educación: Inglés Básico, 6 Claves Para Aprender Inglés, 27 Phrasal Verbs Que Debes Conocer e Inglés Coloquial: Vocabulario y Expresiones Esenciales entre ellos.

Mi web aprendemasingles.com ha ayudado a muchos miles de personas a aprender inglés. Suscríbete para recibir todo lo nuevo (además de avisos cuando publico un libro nuevo) aquí: aprendemasingles.com/suscribir

Tengo otra página donde también encontrarás cientos de artículos gratuitos sobre el vocabulario, la gramática, la pronunciación y la cultura americana... madridingles.net

También tengo videos en YouTube para enseñar la pronunciación (cosa que es difícil hacer en un libro) aquí: youtube.com/danielwelsch

Me puedes contactar con cualquier pregunta aquí: aprendemasingles.com/contactar

Gracias por leer y ¡buen aprendizaje!

Daniel.

Manufactured by Amazon.ca
Bolton, ON